SHODENSHA
SHINSHO

早朝坐禅 ——凜《りん》とした生活のすすめ

山折哲雄

祥伝社新書

まえがき

人間は、関係のなかでしか生きていくことができない。これまでのわが人生をふり返って、どれだけ人間関係の広大な網の目によって救われてきたかしれない。人間関係というものの奥行きの深さ、ありがたさである。

だがそこには、得体《えたい》の知れないワナも仕掛けられているのではないか、ふと、そうも思う。おそらく、そうだったからだろう。その人間関係のねっとりしたわずらわしさによって、どれだけ引きずり廻され、どれだけ傷つき、そして血みどろになったことか。いっそ人間関係の網の目をばっさり断ち切って、どれだけ大空めがけてはばたきたいと願ったことか。人の群れから脱走し、仲間の輪から遁走《とんそう》しようと、わけもなく見果てぬ夢を追いつづけていたのである。

それはいつまで経《た》っても、のり越えがたいジレンマのようにみえていたのだが、しかしいつしか目標だけは定まっていた。ひとりになること、ひとりの仕事に没頭すること、大和《やまと》言葉の「ひとり」に殉《じゅん》ずること、そんな人生のイメージが立ちのぼりはじめていた。

早朝坐禅の試みが、そのひとり仕事の出発点になったのである。それは今日、私にとってはほとんど老人早起き症候群の別名になってしまったが、はじめたときはまだ四〇代の盛りであった。「ひとり」になることの醍醐味《だいごみ》を教えてくれたのも、この早起き端坐《たんざ》の忘れがたい効果の一つである。

関係の網の目からたったひとりの座標点へ。その退屈きわまる時間の堆積《たいせき》のなかから、突然、新しい関係性がみえてくる。卑《ひ》小《しょう》な自己を包みこむ広い世界がそこに存在している、とふと気づく。視点が自在に変動し、眺望《ちょうぼう》がふくらみはじめる。見廻すと、見たことも聞いたこともない新しい関係の網の目が、上下左右にひろがっている。

このひとりの座標点を維持し強化する上で欠かすことのできない身体技法が、姿勢を正して坐ること、そして呼吸を整えることだった。わずらわしい人間関係から脱走するための、これ以上ない捷径《しょうけい》だった。誰にも邪魔されることのない一筋道である。

坐りつづけることに飽きれば立てばよい。立ちつづけることが退屈になれば、歩きだせばよい。そんな声がどこからともなくきこえるようになった。立って歩く、歩きに歩く。人間が誕生した原点を直立歩行に求めるとすれば、まさに立って歩くことを日常化する行為にこそ、われわれの根元的な課題があるのではないか。そんな理屈は堅苦しいというのであれば、遊び心を加えて散歩、とだけいえばよい。そしてそのとき、私にとってのひとり仕事はひとまず完了、ということになる。

もう一つ、私にとって早朝坐禅は、ほとんど雑念妄想《ざつねんもうそう》と遊びたわむれる時間になっている。いや、無念無想《むねんむそう》の時間でなければならぬと錯覚《さっかく》していた時期もあったが、その誤りに気づいてからは気分が晴れた。雑念妄想によってこそ、思考の創造的飛躍は準備されると悟《さと》ったからである。

むろんそれは、まだ生悟《なま》りのままだ。されば、いたし方もない。こんどは外界を歩きに歩いて、この雑念妄想の網の目に亀裂《きれつ》を入れ筋道をつけることで、ひそかにひとり仕事の新展開をはかるのみである。直立歩行の新人類が世界に出てきてまず最初にやったひとり仕事が、そういうことだったのではないかと思っているのである。

平成十九年七月

山折哲雄《やまおりてつお》

目次

第二章

散歩の効用　81
――歩くことで、何が見えてくるか

第三章

心が楽になる「身体作法」
――正しい姿勢が人生を変える

第四章　うつになる人、ならない人
──「親子関係、人間関係」でつまずかない　135

第五章

夜の作法を身につける
——「眠れない人」のための、夜とのつき合い方指南　159

終章

無常を思って生きる
――「死」を穏やかに受け容れるためのレッスン　179

序章

自殺者三万人という異常事態

——なぜ、日本人は病んでしまったのか

子供の世界は、一九八〇年代前半から病んでいた

心を病んだ日本人が増えている。その見立てに異《い》を唱《とな》える人は、あまり多くないだろう。少なくとも、『早朝坐禅』と題された本書を手に取った読者諸氏は、何かしら「心」に関する問題意識をお持ちなのだと思う。そして「坐禅」という行為が、「心」に関わる問題を何らかの形で解消してくれることを期待しているに違いない。

もちろん私も、そのつもりで本書の執筆に取り組んでいる。しかし、本題である坐禅の話をする前に、まずは日本人の「病」について考えておくことにしよう。それは一体どのようなもので、なぜ発生したのだろうか。

たとえば、この国では一九九八年（平成十年）以降、年間の自殺者数が九年連続で三万人を超えている。もはやその数字に慣れてしまい、いちいち驚かなくなっている人も多いようだが、これはきわめて異常な事態だ。

こういう比較が妥当かどうかはわからないが、日清《につしん》戦争における日本の戦死者は一万七〇〇〇名だった。かつて、交通事故の死者数がその水準を超えたことで、「交通戦争」という言葉が生まれたこともある。ところが現在の日本では、一年で日清戦争

二回分の戦死者に匹敵するだけの自殺者が出ているのだ。単純計算すれば、毎日およそ一〇〇人もの日本人が、自ら命を絶っていることになる。その一点だけを見ても、われわれの社会が深刻な「病」に蝕《むしば》まれているのは明白だと言わざるを得ない。

無論、死を選ぶほどの絶望感に苛《さいな》まれているのは、自死を遂げた者だけではないだろう。「死にたい」と思うほどの苦しみを抱えながらも死にきれずにいる人々が、その背後に一体どれほどいるのか。自殺者の五〇倍や一〇〇倍では済まないはずだ。

どうして、こんなことになってしまったのか。

自殺者の多くは中高年の男性であり、中小企業の倒産や大企業のリストラなどによる失業問題が、その引き金になっていると見られている。したがって、雇用さえ回復すれば自殺者も減ると考えることもできるだろう。

だが、本当にそうだろうか。六〇年にも及ぶ平和な時代を謳歌《おうか》しながら、戦争に倍するほどの自殺者を出すところまで日本人の心を蝕んでいるのは、単に経済的な苦しみだけではないように私には思える。なぜなら、失業とは関係のない子供たちの世界もまた、同じように病んでいるからだ。

その「症状」としていわゆる「校内暴力」が始まったのは、いまから二十数年前の一九八〇年代前半のことである。それがやがて「家庭内暴力」に形を変え、いまでは「いじめ」となって噴出しているわけだ。失業問題の発生どころか、経済のバブルが膨らみ始める以前から、子供たちは病んでいたことになる。不況や失業とは関係ない。

では、その「病」とは何か。

私には、中高年の自殺も、子供たちのいじめや犯罪も、さらに言えば次々と報じられる企業の不祥事なども、同じ根っこを持つように見えてならない。その根っこにある「病」とは、あえて簡単に言ってしまえば、「うつ」である。

現在の日本社会では、広い意味の「うつ」に取り憑《つ》かれた人々が、自ら死を選び、他人をいじめ、時には殺し、さまざまな企業犯罪や不祥事を起こしているのではないだろうか。私にはそんなふうに思える。

正体不明の「もののけ」としての「うつ」

しかも、それは「躁《そう》うつ」の「うつ」ではない。現代人のうつについては、精神科医や心理療法家などがそれぞれの立場からいろいろな見方をしているが、その多くが共通して指摘するのが、そこに「躁」の状態がないという点だ。

これは、従来の「うつ」に関する常識に当てはまらない事態だといえるだろう。通常、「うつ」というのは「躁」と対《つい》をなして表われる。躁状態があって、次にうつ状態が訪れるという「循環性」が、本来ならあるべきなのだ。

そして、これは誰もが日常的に経験するものでもある。もちろん病的なレベルになれば別だが、明るくはしゃいだり、落ち込んで暗くなったりということを繰り返すのは、ある意味で人間にとってまともな生理的リズムだといえるだろう。また、そういう循環性のうつは、ある程度の予測をすることが可能だ。いまが躁状態なら、もうじきうつ状態になるだろうし、うつ状態の人も、そのうち立ち直って元気になる。

しかし、前後に「躁」のない現代の「うつ」は、いつ起こるか予測ができない。人間の生理的なリズムとは無関係に、突如として出現するのである。

おまけに、何が原因で発生するのかよくわからないというから、ますますタチが悪い。人間は何か強烈な抑圧を受けたときにうつになりやすいが、その抑圧を与えている相手が具体的にわかっていれば、対策の立てようもある。たとえば親、教師、上司などの抑圧が原因ならば、その相手との関係性を改善することを考えればいいだろう。だが精神科医などに言わせると、現代のうつは、そこが正体不明なのだという。人々はそれぞれ多種多様なストレスの要因を抱えていて、いつ、どの要因がうつのスイッチを押すかわからない。正体不明だから、予防も治療も容易ではないというわけだ。

こうなると、うつも何やら人智《じんち》を越えた存在のように感じられてしまう。誤解を怖れず、あえて私の個人的な直観を素直に言うなら、これは医学や心理学の対象というより、平安時代に「もののけ」と呼ばれたものに近いような気さえする。

昔の人々は、正体不明の病気を怨霊《おんりよう》の仕業《しわざ》だと考え、加持祈禱《かじきとう》によってそれを退治しようとした。現代の日本も、まるで「うつ」という名の化け物を社会全体で抱え込んでしまったかのようだ。

もちろん私も、まさか現代人が怨霊に取り憑かれていると信じているわけではないし、したがって自殺やいじめを加持祈禱の類《たぐい》で解決しようと言いたいわけではない。

「もののけ」というのは、あくまでも物のたとえである。

ただし、近代化が行き着くところまで行き着き、科学万能の世の中になったように思われている反面、現代の社会は、ひょっとすると時代を逆行して中世や古代に近づいているのではないかと感じないわけでもない。だからこそ、私のなかから直観的に「もののけ」などというたとえも出てきたのではあるまいか。

歴史の流れにそんな印象を抱いているのは、決して私だけではない。たとえば東京大学の田中明彦《たなかあきひこ》教授（国際政治学）は、その著書『新しい「中世」——21世紀の世界システム』のなかで、現代の国家と国家の関係は、中世と非常によく似たものになっていると指摘している。グローバリゼーションの進展によって、国際社会を再び弱肉強食の論理が支配し始めていることが、その要因のひとつだろう。

かつてマルクスとエンゲルスが共産主義を「怪物」にたとえたこともあったが、この世にはときどき、不気味なものが跋扈《ばっこ》するものだ。中世化しつつある現代社会に「もののけ」が現われたとしても、決して不思議ではないような気もする。

急激に「人生八〇年」の時代を迎えた現代社会

とはいえ、現実に病が進行している以上、「不思議」のひと言で片づけるわけにはいかない。現代の日本に「もののけ」のようなうつが蔓延《まんえん》しているのは、単なる偶然ではないだろう。そこには何か理由があるはずだ。

無論、生活の有り様は人それぞれだから、個々のうつには人の数だけ理由があるとは思う。いや、多くの人が複合的なストレスを抱えているのであれば、うつを引き起こす直接・間接の原因は人の数の何倍にもなるかもしれない。

だが、どんな時代であっても、生活上のストレスは多々ある。にもかかわらず、過去の歴史を振り返れば、これほど多くの人々がうつに苛まれた時代はなかった。だとすれば、そこにはこの時代に特有の背景があり、人々はそのなかで、個々の生活事情を超えた根源的な「うつの理由」を共有しているに違いない。

私が考えるに、現代の日本を「うつの時代」ともいうべき状況に陥《おとしい》れた根本的な原因は、ふたつある。ひとつは「人間の寿命」の問題、もうひとつは「戦後教育」の問題だ。

まず、寿命の問題から説明しよう。

言うまでもなく、わが日本は世界一の長寿国である。二〇〇五年の時点で、平均寿命は女性が八五・四九歳、男性が七八・五三歳。まさに人生八〇年、女性に関しては人生九〇年の時代がもうそこまで来ているわけだ。

人々が長生きするのは基本的に良いことだから、どうしてそれがうつの原因になるのか、怪訝《けげん》に思う向きもあるだろう。だが、たとえそれが良い方向への変化だとしても、あまりにも急激に進むのは問題だ。たとえば真冬から一日にして真夏になれば、誰でも体調を崩す。変化が速すぎると、人間はそれに適応することができないのである。

寿命の問題がうつの原因になっていると私が考えるのも、その変化が急激に訪れたからだ。実際、われわれはかなり唐突に「人生八〇年」の時代を迎えたといってよい。もちろん、それ以前に「人生六〇年」、「人生七〇年」という過渡期がなかったわけではないが、それはごく短期間のものである。平均寿命が右肩上がりに延びるようになったのは、ここ五〇年ぐらいのことにすぎない。

より長生きである女性の平均寿命の推移を見ると、日本でそれが初めて六〇歳を超えたのは、一九五〇年（昭和二十五年）のことだ。その一〇年後の一九六〇年（昭和三十五年）には、七〇歳を超えている。そして八〇歳を超えたのが、一九八四年（昭和五十九年）。それがすでに八五歳まで延びているのだから、いかに急ピッチで長寿化が進行しているかがわかるだろう。

「死生観」から「生老病死観」へ

それ以前の人類は、「人生五〇年」の時代を長く続けてきた。日本の場合、一九四七年の平均寿命は男性が五〇歳、女性が五四歳だったが、その二〇年前や三〇年前は「人生四〇年」だったかというと、そんなことはない。あの織田信長《おだのぶなが》が、桶狭間《おけはざま》の戦いの前夜に「人間五十年、下天《げてん》の内を比ぶれば、夢幻《ゆめまぼろし》の如《ごと》くなり」という冒頭の一節で知られる幸若舞《こうわかまい》「敦盛《あつもり》」を舞ったのは、一五六〇年（永禄《えいろく》三年）のことである。その時代からほんの数十年前まで、四世紀から五世紀もの長きにわたって、人間の寿命は五〇年だったわけだ。

現代人は、平均寿命が徐々に延びるのが当たり前だと思っている。だが、それはごく最近になって生まれた「常識」にすぎない。何百年にもわたって、「人間の寿命はおよそ五〇年」というのが世の中のスタンダードだったのである。

したがって「人生八〇年」というのは、人間社会にとって「常識破り」の大変化だといっていいだろう。人の一生がいきなり従来の一・五倍以上に膨張《ぼうちょう》したのだから、その急激な変化が人間の心理に影響を与えないはずがない。当然、何らかの不適応が起きるだろう。現代人のうつは、その不適応のひとつなのではないだろうか。

というのも、「人生五〇年」と「八〇年」では、人間のライフサイクルがまるで違う。人生五〇年の時代は、働きづめに働いて、気がついたときには死が目前まで迫っていた。だから「人生観」のことを「死生観」とも呼んでいたわけだ。

だが、人生八〇年になるとそういうわけにはいかない。さんざん働いて定年を迎えても、死を迎えるまで二〇年、三〇年もの時間が残されている。ゆっくりと老い、衰えや病気とつき合いながら、徐々に死に近づいていくわけだ。

そのライフサイクルは、「生か死か」というシンプルなものではない。「生」と「死」

のあいだにある「老」や「病」を受け入れざるを得ないのが、「人生八〇年」の時代である。その場合、人生観は「死生観」だけでは足りない。「生老病死観」とでも呼べるような、新たな人生観、もしくは人間観のようなものが求められるわけだ。

西行《さいぎよう》、芭蕉《ばしよう》、良寛《りようかん》、そして釈迦《しやか》——現代人の生き方のモデル

ところが、あまりにも急速に人生八〇年の時代を迎えてしまったがために、人間社会はそのための準備ができていない。「老」や「病」と何十年もつき合いながら、その先にある死を迎えるという人生観を構築できていないのである。

人生五〇年の時代は、なにしろ数百年の歴史があるので、人々が「いかに生きるべきか」を学ぶモデルが(それこそ信長も含めて)いくらでもあった。だから迷うことなく「生」と「死」を受け容れることができたのだが、人生八〇年の時代はまだ日が浅いので、参考にすべきモデルも見当たらない。そのため、「生・老・病・死」をどのように受け入れればよいのかわからず、漠然とした不安や恐怖に苛まれている人が多い。これが現代人の「うつ」の根本的な原因になっているというのが、私の診断で

ある。

ただし、「人生八〇年」を生きるためのモデルがまったく存在しないわけではない。当然のことながら、人生五〇年の時代にも「生・老・病・死」を見つめながら長生きした人々はいた。

たとえば日本の歴史を振り返ったとき、現代人にとって格好のモデルとなる人物を、私はたちどころに三人挙げることができる。西行、芭蕉、良寛である。いずれも、われわれに価値あるモデルを提供してくれる先人たちだ。

彼らから何を学ぶかについては、後ほど別の章で語ることにしよう。

ここではもうひとり、人生八〇年の時代にモデルとすべき最重要人物の名前を挙げておかなければいけない。

それは他でもない、仏教の開祖・釈迦である。

八〇歳まで生きた釈迦にとって、「生・老・病・死」はまさに自分自身の問題であった。また、それについてさまざまな形で説いてもいる。

その釈迦が開いた仏教に関心を持つ人々が増えているのは、「うつ」の蔓延と無縁ではないだろう。たとえば三〇代の若さで死んだイエス・キリストでは、人生八〇年時代のモデルにはなり得ない。この時代に何らかの示唆《しさ》を与えてくれるのは、やはり釈迦であり、仏教なのではないか。無意識のうちにそう感じている人が多いのだろうと思う。

そして、その直観は決して間違っていない。だからこそ私は本書で、仏教由来の「坐禅」を、現代の「もののけ＝うつ」への処方箋《しょほうせん》として取り上げようとしているのである。

「殺すな」を、「命を大切にしましょう」と言い換える

さて、ここで、「うつの時代」を招いたもうひとつの原因のほうへ話を移すことにしよう。先ほど私は、それを「戦後教育」の問題だと述べた。もう少し具体的にいうなら、それは教育の「言葉」の問題である。そして、これは同時に「宗教」をめぐる問題でもあり、根本的には「近代」というものが宿命的に抱えている問題だともいえるだろう。

では、私は教育におけるどのような「言葉」を問題視しているのか。

結論からいえば、いまの日本では総じて言葉が軟弱化している。たとえば、これだけ凶悪な殺人事件が相次ぎ、親殺しや子殺しなども頻発《ひんぱつ》しているにもかかわらず、どこからも「殺すな」というシンプルで厳しい戒《いまし》めの言葉が聞こえてこない。その代わりに教育者、政治家、そしてマスコミに顔を出す識者《しきしゃ》たちが口にするのは、「命を大切にしましょう」という決まり文句だ。実にソフトで、そして弱々しい言葉ではないか。戦後日本の精神性が、そこに集約されているといっても過言ではない。

なぜこれが宗教をめぐる問題でもあるかといえば、「殺すな」というメッセージは、釈迦やモーセの時代から宗教が延々と言い続けてきた黄金律《おうごんりつ》のひとつだからである。

この戒めが、大いなる矛盾《むじゅん》や葛藤《かっとう》を孕《はら》んでいることはいうまでもない。われわれ人間は（というより、すべての生き物は）ほかの生命を殺すことなしには一日たりとも生きていけないからだ。われわれは日々、植物や動物を殺して食うことで、自らの命を保っている。それを思うと、子供たちに正面切って「殺すな」とは言いにくい。そんな欺瞞《ぎまん》に満ちたことは言えない――と多くの大人たちが感じているのだろう。

しかし、人間が生き物を殺さずには生きていけないことなど、釈迦やモーセの時代からわかりきっていたことである。自分たちがそういう罪深い存在だということは、大昔から十分すぎるほど意識されていたのだ。

にもかかわらず、釈迦やモーセはあえて「殺すな」といった。無論、人類は自らを生かすためにその言葉を裏切り続けることになるのだが、その一方で「殺すな」という黄金律もまた生き続ける。そんな葛藤を、人類は何千年も持ち続けてきたのだ。そこに大いなる意味があったからこそ、先人たちはこの苦渋《くじゅう》に満ちた言葉を繰り返してきたのだろう。

ところが、近代がそれを捨て去った。人間は悪を犯さずには生きていけない、つまり「原罪《げんざい》」を背負った存在だという認識を、脇に置いてしまったのだ。それは、ある意味で近代らしい合理的な選択ではあったかもしれない。しかしその結果、人間は「殺すな」という黄金律の持つ意味を忘れてしまった。

とりわけ日本の場合、戦後は教育の場から宗教的なものが排除され、合理主義という名の世俗化が極端なところまで進んできた。だから、多くの宗教に共通する「殺すな」という黄金律も教えることができなくなったのだが、さりとて「殺すのは良くない」ということを教えないわけにもいかない。そこで言葉の言い換えが起こり、「殺すな」に代わって「命を大切にしましょう」が登場したのである。

「盗むな」、「嘘をつくな」と言わない、無責任な大人たち

おそらくこの決まり文句は、ここ二〇年から三〇年のあいだに広まったものだと思う。ちょうど、いわゆる団塊《だんかい》の世代が大人になり、社会のさまざまな場所で指導的な役割を果たすようになった頃から、言葉の軟弱化が始まったのではないだろうか。

団塊の世代というのは、戦後民主主義の申し子のような世代だ。もちろん、その良い部分もよく吸収している世代なのだが、その影の部分にも染まっている。真っ先にそれに触れた世代だけに、その染まり方は下の世代よりも激しいのだろう。

とくに問題なのは、人間を超越した存在に対して鈍感だということだ。おそらく、いまの日本で宗教的な感情をもっとも理解できないのが、この世代だと思う。科学技術の進歩には大いに関心があり、その合理性や利便性には感動するのだが、宗教的な

超越性にはきわめて無関心・無感動なのが、団塊の世代だ。だから、「殺すな」という黄金律が、人間に与える苦渋や葛藤にも価値を認められないのである。

もっとも、その団塊の世代を教育したのはわれわれ昭和ヒトケタ世代なのだから、すべてを彼らのせいにしようとは私も思わない。団塊の世代の登場を境に社会の価値観がひっくり返り、上の世代との断絶が生じてしまったことが、日本にとっては不幸だったということだろう。第二次大戦後、欧米諸国でもベビーブーマー世代が誕生したが、アメリカでもヨーロッパでも、世代間の断絶はなかった。ひとり日本だけが、終戦をきっかけに宗教的情操というべき感情を失うことで、その断絶を深めてしまったのだ。

いずれにしろ、言葉の軟弱化は七〇年代から八〇年代にかけて始まり、いまでは少年による殺人事件やいじめ自殺などが起きるたびに、新聞でもテレビでも「命を大切にする教育を！」の大合唱が巻き起こるようになっている。そんな教育は何十年も前から行なわれているにもかかわらず、状況がかえって悪くなっていることには誰も気づこうとしない。

なぜ「命を大切にしましょう」という教育が、殺人や自殺の歯止めにならないかといえば、その言葉が何の力も持っていないからだろう。「殺すな」が深い葛藤を生じさせ、したがって生半可な覚悟では言えないのに対して、「命を大切にしましょう」は誰にでも簡単に口にできる。まったく良心の呵責《かしやく》を感ずることなしに垂れ流すことのできる、きわめて無責任な言葉だからだ。

ちなみに、こうした言い換えが行なわれた言葉は「殺すな」だけではない。宗教の黄金律には「殺すな」のほかに「盗むな」、「嘘をつくな」といったものがあるが、これも同様に教育の世界から消え去っている。

これはどちらも「殺すな」と同じように、現実に生きていく上では誰もが避けて通れない行為だ。いっさいの盗みや嘘と無縁に生きている人間などひとりもいない。それでも宗教は「盗むな」、「嘘をつくな」と言い続けてきた。

だが、いまの教育は、それを葛藤のない薄っぺらな言葉に言い換える。「盗むな」ではなく「他人に物を与えましょう」、「嘘をつくな」ではなく「真実を言いましょう」と教えるわけだ。これは実に言いやすい。たぶん泥棒や詐欺師でさえ、悪びれることなく平気で口にできるだろう。

昔の人は、「自殺したい人」にどんな言葉をかけたか

そんな言葉が、教育的なインパクトを持てるわけがない。自らがそれを実践できないことに苦渋を感じながら、それでもあえて「殺すな」、「盗むな」、「嘘をつくな」と教える大人がいて初めて、その戒めは子供の心の深いところに届くのだ。そういう重く厳しい言葉を口にする大人がいなくなったということは、その言葉に付随する重い責任を引き受けるだけの覚悟を持った大人がいなくなったということにほかならない。

その結果、現在の日本では、人々が生きる上で頼るべき指針や規範といったものが脆弱化《ぜいじゃくか》してしまったのではないだろうか。すると、いかにして生きればよいのかがわからず、常に漠然とした不安を抱え込むことになる。うつになるのも無理はない。

そして、大人も子供も簡単に自分の命を絶つようになってしまった。いじめられて「死にたい」と思っている子供たちに、いくら「命を大切にしましょう」と呼びかけても、そんな弱々しく無責任な言葉は少しも彼らの心に届かない。

こうした言葉の軟弱化は、先ほど触れた「人生八〇年」時代の到来とも無関係ではないだろう。

人生五〇年の時代は、人々が絶えず死と隣り合わせで暮らしていた。人は五〇年生きれば死ななければいけないということが当然のこととして了解されていたし、家のなかで死を迎える人も多かったので、死が誰にとっても身近なところにあったのだ。

そういう時代、「死にたい」と呻《うめ》くほどの苦しみを味わっている人に対して、世の人々はどのような言葉をかけたか。多くの場合、それは、このようなものだった。

「死ぬ覚悟で生きてみろ」

つまり、「死んだつもりになれば、たいがいの苦しみには耐えられるはずだ」と言っていたのだ。死が身近にあったからこそ、その言葉には説得力があったのである。

ところがいまは、いじめに苦しんでいる子供に「死ぬ覚悟で生きろ」などという強い言葉をかける人はほとんどいない。いじめ自殺が続発したとき、多くの識者が発したメッセージは、いじめから「逃げろ」というものだった。

一体、この世のどこにいじめから逃げ切れる場所があるのか、私にはわからない。

だが、それが常識的な考え方として通用してしまうほど、日本人は軟弱な言葉に慣れ親しんでしまったのだ。

これも、人生八〇年の時代に適応できていないからだろうと私は思っている。おそらく、寿命が延びたことで「生」と「死」が背中合わせのものではなくなり、身近に死が存在しなくなったことで、それを切実にイメージすることができなくなったのだろう。死が何なのかわからない人に向かって、「死ぬ覚悟で生きろ」といってみたところで、強いメッセージにはならない。

テレビの暴力は、「映像」よりも「音声」にある

ともあれ現在の日本では、右を向いても左を向いても、力のない浅薄《せんぱく》な言葉が氾濫《はんらん》している。どうも物事の「質」と「量」は反比例するようで、言葉が軽くなったぶん、ひたすら無駄なお喋りを繰り返す饒舌《じょうぜつ》な人間も増えた。

たとえばテレビのスイッチを入れれば、どのチャンネルもおよそ意味があるとは思えない言葉の洪水だ。タレントたちがひたすら反射的な言葉をやり取りしているバラ

エティ番組はもちろん、何よりも慎重に言葉を選ぶべき報道番組を見ても、キャスターと称する人間たちが、ステレオタイプで退屈なだけのコメントをベラベラと垂れ流している。

テレビというと「映像メディア」としてその功罪を語られることが多いが、実はあのやかましい音楽を含めた「音声」の破壊力こそが、凄まじい影響を視聴者に与えているのではないだろうか。あんなに空疎《くうそ》なお喋りを朝から晩まで聞かされていたら、日本人が言葉の重みに対して鈍感になるのも当然である。

また、社会のなかで重い責任を担っている人々の言葉も、実に軽くなった。不祥事を起こした企業の謝罪会見などを聞いていても、責任者たちが口にする言葉には何のインパクトもない。ひたすらマニュアルにしたがって、「こういう場合はこう言っておけばいいんだろう」と形式的な反省の言葉を並べているだけだ。誰ひとりとして自分の頭で考えた言葉を発しないから、「言わされている」ようにしか見えない。

昔の日本には「貧乏人は麦を食え」と言った大臣もいたし、「俺はメザシを食っている」と言った財界人もいた。その善し悪しは別にして、そこには自分の言葉でしっかりと世の中に何かを伝えようという強い意志があったように思う。総理大臣が国会の場で「人生いろいろ、会社もいろいろ」などと腑抜《ふぬ》けた台詞《せりふ》を吐いて平然としていられる今日とは、隔世の感がある。

こうした軽佻《けいちょう》浮薄《ふはく》な言葉の氾濫が人々の心を荒《すさ》ませていることに、そろそろ私たちは気づくべきではないだろうか。地に足の着いていない言葉は、人々の心を根無し草のように漂泊《ひょうはく》させる。したがって、日本人が自ら考えることをせず、口先だけの言葉を弄《もてあそ》んでいるかぎり、世の中に不安をもたらす「もののけ」が消え去ることはない。日本人の身辺を飛び交っているフワフワした言葉の群れこそが、現代の「もののけ」の正体なのだ。

だからこそ、私はいま、「坐禅」を勧めたいのである。日本人が心の落ち着きを取り戻すためには、この軟弱化しきった言葉をいったん放擲《ほうてき》しなければならない。まずは沈黙して坐り、自分の言葉が強さを取り戻すまで静かに考えることだ。人生八〇年の時代を生き抜く知恵や覚悟も、そこから生まれるに違いない。

内実の伴わない、空疎な「個の自立」

また、浮ついた言葉の世界から逃れて沈思黙考《ちんしもっこう》するという行為は、人間が「ひとりの世界」に入る行為でもある。これも、現代の日本人が病んだ心を癒《いや》す上で、大いに意味のあることだろう。

というのも、われわれ日本人は戦後六〇年間にわたって「個の自立」という言葉を耳にタコができるほど聞かされてきた。いつまでもムラ社会のなかで群れていてはいけない、それぞれが個人として自立し、お互いに個性を認め合って生きていくことが大事だ、ということを誰もが金科玉条《きんかぎょくじょう》のごとく言い募《つの》ってきた。

昔、暁《あかつき》テル子という歌手が「ミネソタの卵売り」という曲を歌い、「コ、コ、コ、コ、コケッコー」という歌詞が一世を風靡《ふうび》したことがあったが、戦後日本は「個、個、個、個、個が結構」とばかりに、「個」というものを賛美してきたのである。

ところが、盛んに「個の自立」と叫ぶわりには、その「個」の中身についてはほとんど考えようとしなかった。とりあえず「個が大事だ」といっていれば、その内実は自明のものであるかのごとく振る舞っていたのだ。

だが、もともと「個＝インディビデュアリティ」というのはヨーロッパの近代が創り出した概念であって、たかだか二〇〇年か三〇〇年程度の歴史しかない。そしてヨーロッパの人々は、プラトン以降（といってもよいし、ルネサンス以降といってもよいのだが）の思想的な格闘を通じて「近代的自我」というものを発見し、「個」の中身を作り上げてきた。つまり、それは決して人間に自然に備わった自明のものなどではないのである。

日本人はそこを考えようとせず、「個の自立」という上っ面の言葉だけを借りて、それを呪文《じゆもん》のように唱え続けてきた。自らの歴史や伝統的な文化のなかから、西洋の「近代的自我」に対応するような何かを抽出《ちゆうしゆつ》する努力を怠《おこた》ってきたのだ。

その結果、中身が空っぽのバラバラな個人が出現した。自分のなかに頼るべきものはなく、しかも集団で群れることは否定されているのだから、これぐらい危ういものはない。支えるものを持たない心が不安定に揺れ動き、何かの拍子にうつ状態に陥《おちい》る人々が増えるのも当然である。

したがって、われわれは今後、近代化された日本にふさわしい「個」の内実とは何かということを真剣に考えなければいけない。その場合、「インディビデュアリティ」の翻訳語として取って付けたように輸入された「個」という言葉をいったん脇に置き、借り物ではない、日本人の伝統的な言葉で思考することから始めるべきだろうと私は思う。

大和言葉の「ひとり」を、もう一度捉え直す必要がある

では、西洋の「個」に相当する大和言葉は何か。そこで浮上してくるのが、「ひとり」という日本語である。「個の自立」といいながら、これまで日本では、どの哲学者も宗教家も社会学者も「ひとり」という言葉でそれを考えようとはしなかった。

しかし「ひとり」は、『万葉集《まんようしゆう》』の時代から日本人が使ってきたきわめて重要な言葉だ。西洋の近代的自我が二〇〇～三〇〇年の伝統しか持たないのに対して、「ひとり」という日本語には一〇〇〇年を超える歴史が刻まれている。これを顧《かえり》みようとしなかった日本の知識人は、実に大きな忘れ物をしてきたといえるだろう。

あしびきの　山鳥《やまどり》の尾《お》の　しだり尾の　ながながし夜《よ》を　ひとりかも寝む

万葉集に収められた、柿本人麻呂《かきのもとのひとまろ》作と伝えられる歌である。待ち人は来ず、長く垂《た》れ下がった山鳥の尾のように長い夜をひとり寂しく過ごす。自然と向き合い、親しい友や恋人との邂逅《かいこう》をイメージしながら、孤独を噛《か》みしめている。日本人の「個」というなら、ここにうたわれている「ひとり」こそがその原点になるのではないだろうか。

これが中世になると、親鸞《しんらん》の『歎異抄《たんにしよう》』のなかに「ひとり」が登場する。阿弥陀《あみだ》如来《によらい》の救済は「ただ親鸞ひとりがためなりけり」というものだ。自分ひとりのために阿弥陀如来が存在しているという認識は、すでに近代的思考の枠組みを持った世界水準の発想だったといっていいだろう。それを親鸞が「ひとり」という言葉で表現したことを、われわれはもっと重要視しなければいけない。

さらに現代になると、有名な俳句に究極の「ひとり」が描かれる。尾崎放哉《おざきほうさい》の「咳《せき》をしても一人」である。事業に失敗し、家族とも別れた放哉は、小豆島《しようどしま》の小さな庵《いおり》で結核《けっかく》の発作に苦しみながら、この句を詠《よ》んだ。これほどまでに研《と》ぎ澄まされた「ひとり」がほかにあるだろうか。この短い言葉のなかに、全宇宙と自分との関係が表現しつくされている。

ここに、万葉の時代から日本人が脈々と磨《みが》き上げてきた「ひとり」という言葉の重みが集約されている。それは、「個」などという外来の空虚な言葉では決して表現できないものだ。

群れから離れて「ひとり」になってみよ

こうして三つの例を見ただけでも、日本人にとって「ひとり」がいかに豊かなものかということがわかるだろう。「ひとり」で過ごす時間と空間は、じっくりと物を考え、感受性を研ぎ澄ます上で欠かせない宝物のようなものだ。

ここから始めないかぎり、日本人の「個の自立」などというものは絵に描いた餅《もち》にしかならないと私は思う。

ところがいまの日本では、バラバラな「個」を作ってきてしまったことへの反省から、「ネットワーク作り」や「共生」といった言葉が、生きていく上でのキーワードであるかのように持て囃《はや》されている。

たとえば、定年を迎えた団塊の世代に対するアドバイスなどを見ても、「趣味のサークルにでも入って仲間を作りましょう」といったものが多い。そういう人と人との「つながり」や「関係性」によって、心の平穏を保とうとしているわけだ。

「支援」という言葉がやたらと目につくのも、そのせいだろう。老人、子供、女性といった弱者を「支援」することが福祉であり、人々を救う道だと思い込んでいる人が多いのだ。そこには「ひとり」の強さを育《はぐく》み、それぞれの人々を人生の主役として自立させようという発想がない。

もちろん、人間社会には助け合いの精神が必要だ。しかし、単に他人ともたれ合い、依存し合うだけの関係性を築いたところで、病んだ心まで癒すことはできないだろう。「弱者支援」にできるのは、せいぜい経済的な辻褄《つじつま》を合わせるというだけのことにすぎない。

根源的な不安や恐怖を克服し、「もののけ」のようなうつから逃れるために必要なのは、「ネットワーク」でも「共生」でも「支援」でもなく、やはり「自立」だろう。仲間と集まれば当面の孤独は癒されるかもしれないが、しょせん、そこで飛び交っているのは軟弱で無内容な言葉の数々にすぎない。場当たり的な「賑《にぎ》やかし」である。それが通り過ぎたあとには、より深い虚しさに苛《さいな》まれることだろう。

ならば、むしろ群れから離れて「ひとり」になってみたほうがいい。ひとりで坐禅を組み、その重さに耐えられるだけの強さを身につけることが、現代の日本人がうつという「もののけ」と戦うために必要ではないかと思う。

第一章

早朝坐禅

――まず、三分から始めてみる

眠い・痛い・退屈――永平寺《えいへいじ》での坐禅体験

さて、そろそろ本題に入るとしよう。坐禅の話である。

前章で「もののけと戦う」などという表現をしたので、もしかすると、なかには「自分にできるだろうか」と難しく考えている人もあろうかと思う。しかし、そんなに身構える必要はない。私は何も、「うつを克服するために山奥の禅寺にこもって修行しろ」といいたいわけではないのだ。自分自身が三十数年前から日常生活に取り入れている「早朝坐禅」をお勧めしようというだけのことである。私自身、さほど本格的に坐禅の修行をしたことがあるわけではない。

ただし一度だけ、永平寺で坐禅の手ほどきを受けたことがある。わずか三泊四日の滞在というささやかな体験ではあったが、それが後に早朝坐禅を始めるきっかけになった。

福井県吉田郡《よしだぐん》の山中に建つ永平寺は、曹洞宗《そうとうしゅう》の開祖・道元《どうげん》が、一二四四年（寛元《かんげん》二年）に開いた寺院（当初の名称は大仏寺《だいぶつじ》）である。禅僧にもさまざまなタイプや流儀があるが、そのなかでもとりわけ坐禅に厳しさを求めたのが道元だ。「只管打坐《しかんたざ》」

と呼ばれるその禅風は、宋《そう》（中国）に渡った道元が、天童山景徳寺《てんどうさんけいとくじ》の如浄《にょじょう》禅師から受け継いだものだった。

只管打坐とは、簡単にいうなら、ただひたすら坐禅に打ち込むことこそが最高の修行だとする考え方である。そこで組む坐禅は、悟りを得るという目的を実現するための手段ではない。坐禅それ自体が目的だといったほうがいいだろう。

実際、只管打坐のことを「坐禅のための坐禅」、あるいは「坐禅が坐禅をする」などと形容することもある。何も求めずひたすら坐禅をするというのが道元の教えなのだ。「うつを克服するために早朝坐禅を」と「手段としての坐禅」を勧めようとしている私は、道元に本書を読まれたら叱られてしまうかもしれない。

そんなわけで、私の早朝坐禅は道元の坐禅とはまるでかけ離れたものである。永平寺を訪れたときは、眠い・痛い・退屈の三重苦を味わった。だが、三泊四日の短い滞在を終えて山を降りたときには、ひと仕事終えたような充実感があったのも事実である。かつて道元が感じていたであろう世界を、ほんのわずかながら垣間《かいま》見たような気持ちになる瞬間もあった。

そして山を降りる前に導師《どうし》に言われた言葉が忘れられない。「騙《だま》されたと思って、明日の朝、五分でも坐ってみなさい」という言葉だ。それに騙されて、そのまま三〇年以上も、朝、坐ることが習慣となってしまったのだ。

現代社会に欠けている、「沈黙」と「静寂《せいじゃく》」がある

永平寺には「三黙道場」という掟がある。食堂《じきどう》・東司《とうす》（便所）・浴室の三カ所では沈黙と静寂を守らなければいけないという掟である。

この伝統には、道元の考え方が大きく影響しているに違いない。道元の書き残したものを読むと、食事の作法や清潔な身だしなみなど、修行僧の生活習慣について事細かに教えている。日本に歯磨きや洗顔の習慣を広めたのは道元だという話もあるぐらいだ。その主著である『正法眼蔵《しょうぼうげんぞう》』には全編にわたって盛んに「浄」という文字が見られ、彼がいかに「浄」と「不浄」の問題に神経を集中していたかがわかる。

ともあれ、永平寺の「三黙」はまことに驚くべきものだった。食堂で食事をとるときも、いっさい喋ることがないだけではなく、汁をすすったり沢庵《たくあん》をかじったりする

音さえ立てない。食事作法については後ほど別の章で取り上げることにするが、そこにあった深い沈黙と静寂は、現在の日本にもっとも欠けているもののひとつではないかと思う。

また、その静けさのなかで、一日の始まりを告げるために鳴り響く振鈴《しんれい》の音《ね》も印象的だった。午前三時になると、遠くのほうからかすかな鈴の音が聞こえてくる。やがて、それは闇を突き破るような激しい響きとなり、耳元に迫ってくるのだ。はじめはすり足のように聞こえていた雲水《うんすい》の足音も、振鈴の響きが急上昇していくにしたがって激しさを増し、天井板をふるわさんばかりの勢いで廊下を走り抜けてゆく。

それを聞いて、私も起き上がって身支度を整え、坐禅堂へ向かった。浅い眠りから目覚めたばかりで、頭の奥にはしこりのような疲れが残っており、からだの節々《ふしぶし》にも引きつるような痛みが走っていたが、あの振鈴の音は心の闇を吹き払うかのように感じられたものだ。おそらく道元も、あのような音によって目覚めていたのだろう。

無論、それが新鮮な響きに聞こえたのは、私が三晩だけの短期滞在者だったせいもある。あのまま一カ月も眠い・痛い・退屈の三重苦を味わっていれば、毎朝の振鈴が神経を突き刺す針のように感じられるようになるかもしれない。そして何年もそこで修行生活を送っている雲水たちにとっては、いちいち感動することもない、ただの日常になっていくのだろう。

しかし五年、一〇年と修行を続けていくなかで、ふとした瞬間に、振鈴の音が当初の瑞々《みずみず》しい響きを取り戻したように聞こえることもあるのではないだろうか。見慣れた木々の緑が、あるとき突然、この世のものとは思えぬ不思議な色調に見えるといったことは、誰にでもある。それと同じように、単なる日常だった早暁《そうぎょう》の振鈴が、やがて不思議な諧調《かいちょう》で宇宙全体に響き渡る瞬間があるようにも思えるのである。

少なくとも道元は、そういう感性を持った人物だったと私は思っている。その著作を読むと、彼が人並み外れて強い性格の持ち主だったと同時に、物事に深く感動する人間だったことが伝わってくるのだ。たとえば花、樹木、山などの自然と向き合ったとき、道元のまなざしはそのなかに光のように吸い込まれ、染み通っていくように感じられる。

だからこそ私は、未明の僧堂で振鈴の清冽《せいれつ》な音色に触れたとき、道元の世界を垣間見たような心持ちになった。そして、永平寺の静寂のなかで体験したものをほんの一端でも味わい続けるために、今日まで自宅での早朝坐禅を日課にしているのかもしれない。

いまの大学生は、姿勢を正すこともなかなかできない

前章で述べたとおり、いまの日本はどこもかしこも軟弱で軽薄な言葉で埋め尽くされており、私が永平寺で経験したような静寂がすっかり失われている。ささやかな鈴の音に宇宙の広さを感じ取るような豊かさを秘めた空間は、ほとんど見当たらない。その喧騒《けんそう》がもたらす不安を鎮《しず》めるには、まずは自ら坐禅のような沈黙の世界に浸るのがよいだろう。

そのことを痛感したのは、いまから十数年前、大学の教壇に立って学生たちを教えていたときのことだ。ちょうど、どこの大学でも教室での「私語」が問題になり始めた時期だった。私はすでに大学から離れているが、おそらくいまでも状況は変わらないだろう。以前よりも携帯電話が普及し、メールでのお喋りが増えているぶん、昔よ

り静かにはなっているかもしれないが、どちらにしても「無駄な言葉」のやりとりに没頭して、授業に集中していないという点では何も違わない。

ともかく、当時の教室は学生たちの私語がひどく、どの教員もどうしたら授業をまともに成立させることができるかと頭を悩ませていた。内容の充実した授業を行なうための工夫を凝《こ》らす以前に、学生たちを静かにさせるだけで苦心惨憺《くしんさんたん》していたのだ。私も例外ではない。「何とかしなければ」と思い、手を替え品を替えて学生たちを落ち着かせようと試みたのだが、なかなかうまくいかなかった。

そこで最後の手段として採用したのが、自分が毎朝やっていた坐禅である。授業を始める前に、学生たちを無理やり「沈黙の世界」に引っぱりこむことにしたのだ。

とはいえ、教室ではみんな椅子に腰掛けているから、正しい坐禅のスタイルを取らせることはできない。しかし、それでも坐禅の真似事はできる。私はまず、机の上の筆記用具や教科書などを鞄のなかに片づけさせ、「姿勢を正せ」というところから始めた。

ところが学生たちは、背筋を伸ばしてじっと正面を向くということすら、満足にできない。家庭でも学校でも、「姿勢を正す」ということ自体を教わってこなかったのだろう。椅子の背もたれから体を離して、まっすぐな姿勢を取らせようとしても、体がゆらゆらと揺れてしまう。何とか体を安定させ、全員が一応姿勢を正すまでに、五分もかかった。

次に、その姿勢を保ったまま深呼吸をさせる。「丹田《たんでん》呼吸」などといっても誰もわからないので「深呼吸を」というわけだが、これがまた難しい。大半の学生が肩を上下させ、口先だけでハーハーと犬のような呼吸をしている。腹で息をするということができないのだ。

だから、基本から懇切丁寧《こんせつていねい》に教えなければいけない。一、二で鼻から息を吸い、三、四、五、六でゆっくりと口から吐き、七、八で息を止める。この三つのリズムを繰り返すのが、丹田呼吸の基本だ。それを学生たちが覚えるまで、また五分かかった。

学校の父兄が「坐禅」に反対する理由

姿勢を正し、深呼吸で息を整えたら、最後は「瞑目《めいもく》」だ。目を閉じて、何でもいいから頭に浮かんだことを考えさせる。姿勢や呼吸にくらべたら簡単だろうと思いきや、これも学生たちはすぐにはできなかった。考える以前に、じっと目を閉じていることができないのだ。ほとんどの学生が、薄目を開けて周囲の様子をうかがっていた。

おそらく、完全に目を閉じるのが怖いのだろう。沈黙と闇に支配された「ひとり」の世界に慣れていないのである。怖がっているから、薄目を開けるのを禁じて目を閉じさせると、こんどはさっき整えたはずの姿勢や呼吸が乱れてくる。それを再び正して、全員がしっかり目を閉じるまで、また五分。そこまでで、合計一五分もかかってしまった。

しかし、ここまで徹底してやれば、さすがに私語をかわす者はいなくなり、教室全体が落ち着きを取り戻すものだ。しかも私が担当していたのは哲学と宗教に関する授業だから、この一五分は決して無駄にはならない。姿勢を正して静かに瞑目している学生たちに向かって、「デカルトに『我思うゆえに我あり』という有名な言葉がありますが、それはまさに、いまの君たちの状態のことです」とでも言えば、それでデカルトに関する講義は半分ぐらい終わったも同然である。そこまで話が進むと、目を開けて教科書を開かせても、もう私語は聞かれない。残りの授業時間は、たいへん喋りやすくなった。

このやり方は、学級崩壊などで悩んでいる小中学校でも有効だろうと私は思っている。実際、先生方の集まりに呼ばれて話をしたときに、その導入を勧めたことも一度や二度ではない。できることなら子供たちを永平寺に連れて行き、一泊でも二泊でもしながら坐禅を体験させるのがもっとも効果的だろう。どんなに言葉で「静かにしなさい」と叱るよりも、よほど手っ取り早く教室に落ち着きを与えられるはずだ。

しかし、多くの先生方が興味深そうに私の話を聞いてはくれるものの、それを公立学校の現場で実践するのは難しいという。ちょっとでも宗教的な手法を公教育に持ち込むと、すぐに「政教分離の原則」とやらを楯《たて》にして保護者が文句をつけてくるというのだ。たしかに、給食のとき「いただきます」と言わせることさえ「仏教の教えに通じる」とクレームをつけた保護者も過去にはいたというから、坐禅となれば真似事程度であっても強い反発があるに違いない。永平寺での修行体験など、「もってのほか」ということになるだろう。

だが、そうやって宗教的な感覚を排除してきたことが、戦後日本の言葉を軟弱化させてしまった要因だというのは、前章で述べたとおりだ。その結果子供たちは、黙って目をつぶることすら怖がるようになってしまった。沈黙と静寂のなかで「ひとり」の強さを身につけるには、多少なりとも宗教的なものの助けを借りるしかないのではないかと思う。

「直立の文化」と「坐の文化」

いずれにしろ、私が教室で学生たちにやらせた程度の「坐禅」でさえ、浮ついた言葉に満たされた空気を一変させ、人の心を落ち着かせるだけの力を持っていることは間違いない。もっとも、それは椅子に腰掛けた状態でやらせたものであり、いわば「坐禅風の瞑目体験」にすぎないものだった。ここに、本来の「坐る」という要素を加えれば、そこで体験される世界はより深く落ち着いたものになるだろう。

そもそも日本を含めたアジアの諸地域には、ヨーロッパ的な「直立の文化」と対照的な「坐の文化」というものがある。たとえば、絵や彫像などに描かれた「聖人」たちの姿を比べても、その違いは明らかだ。ヨーロッパの教会で壁画を見れば、そこに登場する聖人たちはいずれも立ち姿をしている。それに対して、インドでも東南アジアでも日本でも、仏像や神像はおしなべて坐像である。立像も決して少なくはないが、基本形はあくまでも坐像なのだ。

　また、イエス・キリストと釈迦の姿も、両者の差異を象徴しているといえるのではないだろうか。イエスがいわば「直立」の姿勢で十字架にかけられたのに対して、釈迦はブダガヤの菩提樹《ぼだいじゅ》の下で坐して瞑想に入り、やがて悟りを開いた。

　無論、どちらも人間として生活していた以上、イエスが坐ることも釈迦が立って歩くこともあったわけだが、われわれが両者の姿を思い浮かべるとき、まず最初に脳裏《のうり》に立ち現われるのは、直立のイエスであり、坐した釈迦だろう。それが「聖なる存在」の基本イメージとして、われわれの心のうちに刷り込まれているわけだ。

　もし、ヨーロッパの聖人たちが坐した姿で描かれていたら、それはどこか背後の風景にそぐわず、不自然なものに見えることだろう。だが、アジアでは聖人が坐っていることに何の違和感もない。それが、「思考する人間」の自然な姿勢として、生活文化のなかに溶け込んでいるからである。

さらに付け加えておくと、日本人にとっての正坐は、目の前にいる相手に対して敵意を持っていないことを示す恭順《きょうじゅん》の姿勢でもあった。相手に襲いかかるには立って歩かなければならないわけだから、脚を折り畳んで坐るというのは、自ら攻撃を禁じたのと同じことだ。いわば「脚の去勢」である。

だから、封建《ほうけん》時代の武士は主君の前で正坐し、平伏したのだろう。それは忠誠心の表われであると同時に、邪《よこしま》なところのない純粋な気持ちを相手に伝えようとしていることを象徴するポーズでもあった。もし、正坐していた武士が腰を浮かせて片膝を立てたりすれば、その場にはたちまち不穏《ふおん》な空気が漂ってしまう。それだけで、場合によっては反抗の意思表示だと見られかねない。

その「反抗の姿勢」が、ヨーロッパでは「恭順の姿勢」となるのが面白いところだ。いまでもヨーロッパでは、王族や貴族の前で片足を後ろに引いて低い姿勢をとる形の挨拶が行なわれているが、その引いた足の膝を地面に触れるところまで下げれば、それはまさに武士が反抗しようとするときの姿勢にそっくりである。

同じ姿勢が、一方では反抗、一方では恭順という逆の意味合いになるのは、前提となる基本姿勢が異なるからだろう。ヨーロッパは「直立」が前提だから、片足を引くと「腰を低くした」ことになり、日本は「正坐」が前提だから、それが「腰を浮かせた」状態になるわけだ。

このように、日本人にとって「坐る」が姿勢の基本であり、平常心や安心感の礎《いしずえ》になっているとすれば、戦後の日本で「椅子にテーブル」という欧米風のライフスタイルが広まり、家のなかで床の上に坐って過ごす時間が減ったことも、人々の言葉が軽くなり、心の平穏が乱された要因のひとつかもしれない。

これから「早朝坐禅」を試みるであろう読者諸氏は、腰をしっかりと床に落ち着けて「坐る」という習慣を始めるだけでも、かなり新鮮な気分を味わえるのではないだろうか。

坐禅後のお茶は、「甘露《かんろ》」の味わい

では、早朝坐禅の具体的なやり方について話していくことにしよう。

ただし、私は導師でも禅僧でもないから、禅の本格的な作法や極意のようなものを伝授することなどできはしない。たしかに永平寺に何日か滞在して手ほどきを受けたことはあるし、研究者として仏教や禅のことも勉強してはいるが、私が毎朝やっているのは、あくまでも自己流の「勝手禅《かって》」である。ちょっとかじっただけの者が、悟りきったような顔をして坐禅を組んでいると、その世界では「野狐禅《やこ》」、「生禅《なま》」と呼んで蔑《さげす》まれる。だから、あまり偉そうな顔で講釈を垂れるつもりなどはじめからない。

けれども、そんなレベルの坐禅でも、心身の健康と平衡《へいこう》を保つのには役立っている。だから、人にもお勧めしようということだ。なにしろ「勝手禅」なのだから、私のやり方をそのまま踏襲《とうしゅう》しなければ「早朝坐禅」にならないということはない。それぞれが勝手なスタイルで早朝に坐禅を組めば、それは早朝坐禅である。簡単な話だ。

とはいえ、まったく何の心得もない人に「坐禅を組め」といっても、どうしていいかわからないだろう。そこで自分の勝手禅がどんなものかを紹介しておくが、まず、私の「早朝」はかなり早い。夜は九時頃には床《とこ》に就《つ》き、暖かい季節なら三時、寒い冬でも四時には起床している。まだ外は真っ暗だから、人によっては「早朝」ではなく

「深夜」と呼ぶ時間帯だろう。

　床を離れると、まず顔を洗い、お茶を点《た》てる。これは最近になって始めた習慣で、以前は坐禅を終えてからお茶を点てていた。坐禅の後に飲むお茶というのは実に旨《うま》いものだから、それも一度は味わってみてもらいたいと思う。滋味《じみ》が深く体に染み渡り、「甘露」とはこのことかと感じ入ることしばしばであった。

　そんなに旨い坐禅後の一服をやめて、坐禅前にお茶を飲むようになったのは、ひとつには体力の衰えということもある。ただ坐るだけとはいえ、坐禅はそれなりに体力を消耗するものだ。若い頃は水分を補給しなくとも耐えられたが、歳を取るとそうもいかない。また、体力の衰えとは別に、自分のなかで何か新しいやり方を欲するような変化が生じたということもあるだろう。長年やっていれば、心境の変化というのも当然あるから、坐禅とのつき合い方も変わるものだ。

　いまでは、坐禅の前に飲むだけでなく、坐っているあいだも手元に湯呑みが置いてある。つまり、ときどきお茶を飲みながら坐禅を組んでいるということだ。僧堂でそんなことをしたら、たちどころに警策《けいさく》がとんできて肩をぴしりと叩かれそうな振る舞いである。なるほど、そのあたりが勝手禅の勝手禅たる所以《ゆえん》なのか……と思う人もいるだろう。

しかし実のところ、これは私の自己流ではない。たしかに日本の僧堂では考えられない行動だが、仏教の世界は広いものだ。日本の「非常識」が「常識」として通用している国もある。それはチベットだ。当地を訪ねた際、寺院の僧堂で朝の勤行《ごんぎょう》を見学したのだが、そこではお坊さんたちが皆、手元にお茶を置いて坐っていた。それを見て「こんなやり方もあるのか」と得心し、私も堂々とお茶を飲みながら坐ることにしたのである。

結跏趺坐《けつかふざ》と半跏趺坐《はんかふざ》――脚はどう組めばいいか

坐る部屋は、畳敷きの書斎だ。机の前に座布団を敷き、もうひとつの座布団をふたつ折りにして尻の下に当てている。当初は僧堂によくあるのと同じ「坐蒲《ざぶ》」という道具を使っていたのだが、あれはどうも落ち着かない。僧堂ならいいのだが、自宅で使うと、どこかヨソ行きのような雰囲気になってしまうのだ。ふたつ折りの座布団を尻にしいて坐っている姿というのはいかにも素人臭《しろうとくさ》いかもしれないが、べつに誰かに見せるためにやっているわけではないのだから、自分さえ落ち着ければそれでかまわない。

脚の組み方は、いわゆる「結跏趺坐」である。一方の足を反対側の脚の腿《もも》の上に足裏を返して載せ、他方の足も同じように反対側の腿に載せる。左右どちらの足を先に組むかは流儀によってさまざまだが、どちらも結跏趺坐であることに変わりはない。これが、釈迦が菩提樹の下で悟りを開いたとされるときの坐法だ。

結跏趺坐はヨガの坐法のひとつにも数えられているので、釈迦のオリジナルかどうかはわからない。しかし、釈迦の時代以来、仏教の世界でもっとも重視されてきたのがこの坐法である。中国の達磨《だるま》や臨済《りんざい》、日本の栄西《えいさい》や道元といった名僧たちも、この坐法で修行していた。

やってみればわかるが、この結跏趺坐は決して楽な坐り方ではない。あぐらをかいて坐るのとは訳が違う。私はたまたま向いていたのか、永平寺で教わったときからすぐに組むことができた。だが、椅子の生活に慣れている若い世代や、加齢で体が硬くなっている人はちょっと苦労するだろう。

もし結跏趺坐が難しければ、「半跏趺坐」という坐り方もある。片方の足だけを反対側の腿に載せ、もう一方の足はそのまま床に横たえるもので、これも仏教の伝統的な坐法のひとつだ。その姿で坐っている仏像も少なくない。有名な中宮寺《ちゅうぐうじ》や広隆寺《こうりゅうじ》の「半跏思惟《しい》像」のように、半跏趺坐の形で腰掛けに坐っているものもある。

ただし私も、最初から結跏趺坐で坐ることができたとはいえ、最初のうちは足がすぐに痺《しび》れてしまい、ほんの五分程度しか坐っていられなかった。しかし慣れてくると、次第に長く坐っていられるようになるものだ。初心者は無理をせず、徐々に時間を長くしていけばいいだろう。はじめから完璧にやろうとせず、できる範囲でいいから毎日続けることのほうが大事だと思う。

「印契《いんげい》＝手の組み方」で意識の流れが変わる

ところで、坐禅で「組む」のは脚だけではない。臍下丹田《せいかたんでん》に置いた手も組むことになる。「印契」と呼ばれるもので、もともとはインドの舞踊《ぶよう》芸術におけるハンド・ジ

結跏趺坐

半跏趺坐

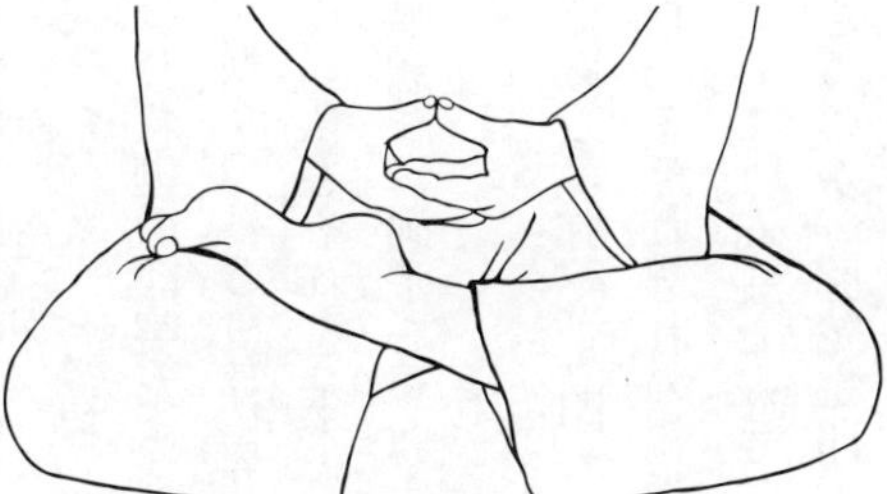

エスチャーから影響を受けたものだ。インド舞踊といえば、異常な早さで千変万化する眼の表情と並んで、一本一本が別々の生命を持っているかのようにも見える精妙な指先の動きが大きな特徴である。その細かい動きがさまざまな感情や意識を表現しているわけで、それを起源とする印契にもいくつかの種類がある。

しかし、そのなかでも一番オーソドックスな組み方は、やはり釈迦の印契だろう。両の掌を上に向けて重ね合わせ、円を描くように親指の先を軽くつける。「法界定印《ほっかいじょういん》」と呼ばれるものだ。大日如来《だいにちにょらい》などもこの組み方をしており、私もそれを基本にしている。左右どちらを上にするかは、自然に任せればいい。無意識に両手を重ねた場合、多くの人は右手が下になるが、なかには左が下になる人もいる。

この法界定印の発展形ともいえるのが、阿弥陀如来の印契である「弥陀定印《みだじょういん》」だ。法界定印を組んだ状態で、両手の人差し指を持ち上げ、その指先をそれぞれの親指の先につける。法界定印は両手でひとつの輪を作っていたのに対して、右手と左手でそれぞれ「OKサイン」を作り、ふたつの輪をくっつけた形になるのが、弥陀定印である。

法界定印

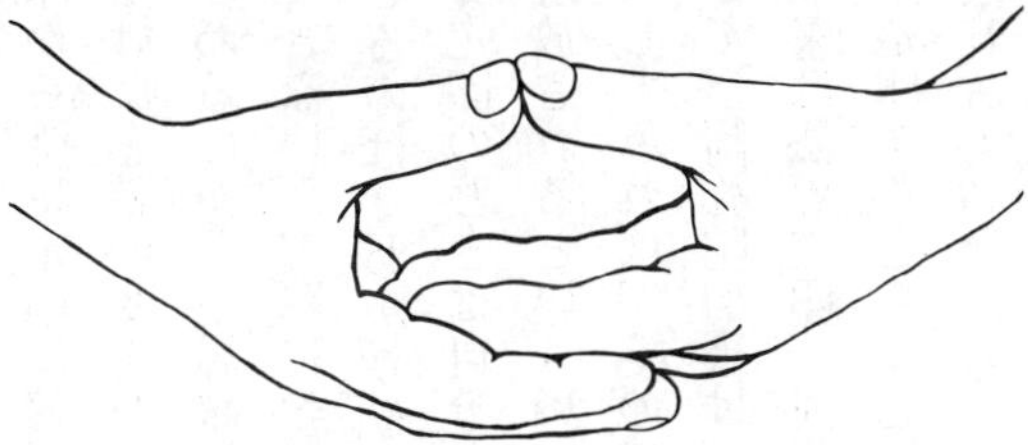

弥陀定印

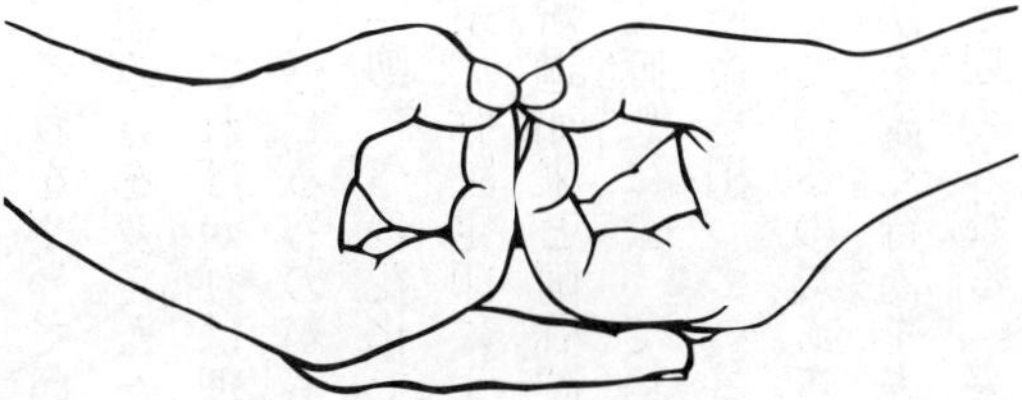

もちろん、法界定印と弥陀定印の違いは、その形だけではない。私もときどき坐禅中に法界定印から弥陀定印に移行させてみることがあるが、それをやっていると、自分のなかで微妙な意識の変化が生じるのがわかる。指先の組み方を変えただけでどうして意識が変わるのかと不思議に思う向きも多いだろうが、こればかりは理屈で説明することができない。実際にやってみれば、誰でも何となく感じるものがあるはずだ。

そこで生じるのは、わかりやすくいうなら、「静」から「動」への変化である。あるいは、法界定印のときは自分の内側に向かっていた意識が、弥陀定印にすると外側に向かって解放されるといういい方をしてもいいだろう。釈迦如来と阿弥陀如来の存在意義を比較してみれば、その違いも納得がいく。内向的な瞑想《めいそう》によって悟りを開いた釈迦に対して、阿弥陀如来は外に向かって説法を行なう使命を担っている。だからこそ、釈迦如来は法界定印、阿弥陀如来は弥陀定印を採用しているのであろう。

実際、弥陀定印からさらに発展させた印契のなかには、法を説く行為を表わす「説法印」と呼ばれるものもある。それ以外にも、臨終《りんじゆう》の者を迎え入れる「来迎印《らいごう》」など、阿弥陀如来には九種類の印契があるが、坐禅とはあまり関係ないので、ここでは説明を割愛しよう。早朝坐禅には、とりあえず法界定印と弥陀定印の二種類を覚えておけば十分である。まずは法界定印から始めて、慣れてきたら弥陀定印への移行を試してみるといいのではないだろうか。

半眼《はんがん》か閉眼《へいがん》か、それとも開眼《かいがん》か

脚と手の組み方が決まれば、いよいよ坐禅の開始である。このとき、無意識に目を閉じる人も多いだろう。私も大学の教室では、私語をやめない学生たちに目をつぶらせた。

しかし、坐禅をしているときに、もっとも視野が深くなり、したがって思考も深まるのは、完全な瞑目ではなく「半眼」である。

もちろん、学生たちのように「薄目」を開けて周囲の様子をうかがっていたのでは視野も思考も深まりはしない。見た目は同じような状態かもしれないが、「半分開ける」のが「薄目」なのに対して、「半眼」は「半分閉じる」ことだと考えればいいのではないだろうか。直立の状態から片膝をつくのと、正坐の状態から片膝を立てるのとでは、見た目が似ていても意味が異なるのと同じことだ。

ただし仏像を見ると、その目の開き方もいろいろである。東南アジアに行くと、涅《ね》槃《はん》像なのに目をぱっちりと見開いているものが多い。しかも説明書きには英語で「スリーピング・ブッダ」などと書いてあるから、非常に不思議だ。

もっとも、それはかなり例外的な仏像で、ほとんどは閉眼か半眼である。個人的な好みをいわせてもらえば、私はどちらかというと半眼の仏像のほうに惹《ひ》かれるものを感じる。閉眼の仏像が、どこか遠いところへいってしまったように思われるのに対して、半眼の仏像は、現在・過去・未来のすべてを見通しているように見えるからだ。閉眼の仏像がすでに「死の世界」へ旅立ってしまったのだとすれば、半眼の仏像は「生の世界」と「死の世界」を同時に見ているとでもいえばいいだろうか。それこそが、これから涅槃に到達しようとしている釈迦の世界観をもっともよく表現しているというのが、私の解釈である。

しかし実をいえば、私自身は坐禅を組むときに半眼ではなく、ふつうに目を開けて坐っている。というのも、半眼は下手をするとヤクザの目つきのようになってしまい、それがクセになると、京都の四条通りあたりを歩いているときに誰から因縁をつけられるかわからないからだ――というのは冗談で、実際は「半眼だと眠くなってしまう」というのが本当の理由である。情けない話だが、なにしろ暗いうちに起きて坐っているので、うっかりすると結跏趺坐のまま居眠りしてしまうのだ。

ただし目を開いてはいても、キョロキョロせずに一点を集中して見つめながら瞑想していれば、「見れども見えず」という半眼と似たような状態にはなる。視線は、半眼でも開眼でも斜め下あたりに向けるのがいいだろう。顎《あご》を引いてきれいな姿勢で坐れば、自然にそうなるはずだ。私の場合は、四〇～五〇センチ先にある線香の明かりや、その向こうにある障子のあたりに視線を置いている。

坐禅で自分の体調が、手に取るようにわかる

ちなみに、机の上に線香を立てているのは単なる演出ではなく、時間を計るためだ。時計がない時代、線香はしばしば時間の単位として利用された。たとえば祇園《ぎおん》のような花街《はなまち》では昔、線香一本が燃え尽きるまでの時間を一単位にして舞妓《まいこ》や芸妓《げいぎ》の料金が

決まっていたという。だから花代《はなだい》のことを「線香代」といったりもするわけだ。線香一本ぶんの時間を意味する「一炷《いっちゅう》」という言葉もある。

燃え尽きるまでの時間は線香の種類や長さによって異なるし、同じ線香でも気候によって長くも短くもなるが、私の使っているものは、着火してから燃え尽きるまでおよそ五〇分。前述したとおり、最初のうちは五分しか続かなかったが、いまではそれぐらいがちょうどよい長さになっている。

春や夏はともかく、寒い季節の早朝に小一時間も坐っているのはつらそうに思われるかもしれないが、そういうところでは無理をしないのが、勝手禅の勝手禅たる所以だ。寒ければ暖房を入れているし、それでも冷えるときには膝から先を炬燵《こたつ》のなかに入れて坐っていることもある。

逆に夏場などは、目の前にある窓を開け放って坐るのも気持ちがいいものだ。とくに、一〇年ほど前まで住んでいた京都の洛西《らくさい》では、窓の向こうに山や森が見え、下のほうからは川のせせらぎも聞こえてきた。

そういう開放的な空間で坐っていると、やはり意識の流れが違う。閉鎖空間で坐っているときは心理的な求心力が働き、自分の意識が臍下丹田のほうへ向かって集中していくような感覚があるが、窓を開け放って自然と向かい合っていると、まるで遠心力が働いているかのごとく、体内からエネルギーが外に放出されるように感じられるものだ。

要は、季節や気候に応じて坐り方も柔軟に考えればいいということだろう。呼吸や意識を自然のリズムに合わせることで、自分の体から湧いている生命力の動きのようなものが実感できるのである。

そのせいか、毎朝坐禅を組んでいると、体調の善し悪しが手に取るようにわかる。坐禅を始めるまでは自分の内臓の動きなど気にも留めることさえなかったが、いまは胃腸の調子が悪いときは胃のあたりがぐらぐらと動くのがわかるし、心臓の鼓動にも日によって違いのあることがわかるようになった。

そして三〇分も坐っていると、調子の悪かった胃腸が落ち着き、ドキドキしていた心臓が平静を取り戻すのだ。本書は現代の日本人が「心の病」を坐禅で癒すことを最大の眼目《がんもく》にしているが、肉体的な面でも、早朝坐禅は健康にきわめて良いと私は確信している。

ふつうの風邪くらいなら、坐禅で治る

実際、かつての中国では、山のなかで修行している仏教者たちが、呼吸によって病気を治すための研鑽《けんさん》を重ねていた。それを記録したのが、隋《ずい》の時代に天台大師《てんだい》によって書かれ、天台宗三大書のひとつともなっている禅の指南書『摩訶止観《まかしかん》』だ。禅の思想から作法や心得までを体系的に説いたものだが、そのなかに「病患境《びょうげんきょう》」と題された章があり、そこではさまざまな病気を呼吸（＝気）で治す方法が書かれている。

一〇種類ぐらいの呼吸法を肺や胃腸など内臓ごとに使い分けて、五臓六腑《ごぞうろっぷ》の働きを活性化するのである。もちろん癌《がん》のような重篤《じゅうとく》な病気までは無理だろうが、日常的な病気は坐禅で治るという信念を持って、当時の禅僧たちが坐っていたことは間違いない。書物に記した以上、実際に効果もあったのだろう。

私も、ふつうの風邪ぐらいなら、医者にかからずとも坐っていれば治る。先ほど、冬場は暖房を使うこともあるという話をしたが、ちょっと風邪気味のときなどは逆に

暖房を使わず、寒気のなかで三〇分ぐらい坐っていると、自然に体がポカポカと温まってくるものだ。それだけで、体調はかなり回復する。私は医者ではないのでたしかなことはいえないけれど、姿勢を正して呼吸を整えるというのは、何かしら体に元気や活力を与える行為なのではないだろうか。

それに加えて、酸素が脳に行き渡るせいか、坐禅を終えたあとは頭のなかが非常にクリアになるような気がする。だから私は最近、原稿を書く仕事は早朝坐禅後の二〜三時間以外にはしない。その時間帯に書いた文章は、密度が明らかに濃いのだ。私も若い頃は、コーヒーや煙草を口にしながら徹夜で物を書くこともしばしばあったが、やはり中年以降は朝型にしたほうが脳のためにもいいのだろうと思う。

人間は、神にもなれば悪魔にもなる

坐禅を終えてすぐに書き物を始めるぐらいだから、私の場合、坐っている最中から原稿の書き出しの一行を考えたりすることも珍しくない。そんなことをいうと、坐禅に「無念無想の境地」のようなものを求めている人をガッカリさせることになるので申し訳ないが、それが実態だ。思いついたアイディアを忘れたくないがために、途中で電灯をつけてメモを書くことさえある。無念無想どころか、雑念妄想の塊《かたまり》である。

原稿の書き出しを考えているなら、まだいいほうだ。黙って坐っていると、頭のなかには次から次へとろくでもない考えが浮かんでは消えてゆく。金のこと、女のこと、些細《ささい》なことで女房と喧嘩をしたこと、友人知人との時に愉快で時に不愉快な人間関係のことなど、良いことも悪いことも含めて一切合切《いっさいがっさい》が狭い頭のなかに殺到してくるのだ。

しかし私にとっては、そういう世俗的かつ具体的な欲望と、物を書くのに必要な抽象化へ向かう思考とが交互に頭のなかを飛び交うことが、早朝坐禅の持つ味わいのひとつである。雑念や妄想と戯《たわむ》れるのは、それ自体が楽しい。

それに、早朝の五〇分のうちに雑念を処理してしまえば、それに続く一日が楽に過ごせるという面もある。

人間というのは、瞬間的に神にもなれば悪魔にもなるものだ。自分の命を犠牲にして溺れている者を救いたいという気持ちになる瞬間があったかと思うと、自分が大事にしているものを傷つけた人間を殺してしまいたいという衝動に駆《か》られることもある。

そんなふうに神と悪魔のあいだを行き来しているからこそ、しばしば「あの優しい人がこんな残酷な罪を犯すとは思わなかった」といわれるような事件も起きるのだろう。

しかし、早朝坐禅の五〇分間に危険きわまりない「悪魔の時間」を済ませておけば、現実の暮らしのなかでは、憎い相手に対して攻撃を加えずに済む。妄想のなかで、その衝動を発散させることができるからだ。私自身、とても人には言えないようなことを、坐禅中に頭のなかでやっている。

おそらく、外からは無念無想の境地を目指しているように見える若い雲水たちも、実は瞑想中に女を抱いたり、美食に耽《ふけ》ったりといった破戒《はかい》的な行動をしているのではないだろうか。そこで人間らしい煩悩や葛藤を処理しておくことが、彼らの禁欲生活を可能にしているのではないかと思うのだ。それが、三〇年以上も坐禅をしていながら雑念妄想から脱することのできない宗教研究者の、偽らざる実感である。

道元の時間とデカルトの時間

もちろん私も坐禅を始めた当初は、「只管打坐」を主張した道元のような厳しい禅の世界に憧れのようなものを抱いてはいた。いくら坐っても形ばかりで、無の瞑想から程遠いところにいる自分自身に「こんなことではダメだ」と腹を立てていた。それなりに志を持って始めた早朝坐禅が惰性《だせい》の坐禅、自己満足の坐禅に堕《だ》してしまい、追いかけていた道元の背中がケシ粒のように小さくなっていったのである。

そういうネガティブな感覚に変化が訪れたのは、十数年前のことだった。早朝の冷たい空気にわが身をさらしていたときに、ふと「これで良いのではないか」と思ったのだ。たしかに雑念妄想と戯れてはいるが、それが何であれ、自分はこの時間にあれこれと物を考えている。そう思ったときに浮かんできたのが、デカルトの「我思うゆえに我あり」という言葉だった。かつて教室で瞑目させた学生たちに教えたあの言葉が、こんどは瞑想中の自分の頭に蘇《よみがえ》ったのである。

なるほど、と私は得心した。心に浮かぶあれこれを「雑念妄想」だと思うからいけないのだ。「我思う」といえば、べつに何を恥じることもない。締め切りの迫った原稿のことを考えて焦燥《しょうそう》感に駆られようが、憎悪心をたぎらせて人を殺めていようが、それがあるゆえに私はここに存在する。パスカルの言葉を借りて、「俺は考える葦《あし》である」といってもよろしい。そう気づいた瞬間、心身がにわかに軽くなり、あたかも空中に浮遊したような気分になったのを覚えている。

つまり私の場合、自分の坐禅を「道元の時間」に少しでも近づけようなどと思ったこと自体が、そもそもの間違いだった。早朝坐禅は「道元の時間」ではなく、「デカルトの時間」だったということだ。

いや、それは私だけではないかもしれない。ひょっとすると、あの道元もまた、時には坐禅を組みながら「デカルトの時間」を過ごすことがあったのではないだろうか。きっと、そうに違いない。私と同じように、書き物の一行目を思いついて内心ニヤリとしたこともあったはずだ。自分の疑問に答えてくれる師と出会えずに苦しんだ若き日々を思い出して、苛立ちに身を任せたこともあっただろう。

おそらく、坐禅とはそういうものなのだ。その解釈自体が私の「勝手禅」にすぎないことはいうまでもないが、そんなふうに思っているからこそ、私は三〇年以上も早朝坐禅を続けることができた。そして、これを続けてさえいれば、いつか「道元の時間」を垣間見る瞬間がないともかぎらないのである。

第二章

散歩の効用

——歩くことで、何が見えてくるか

「うつ」を経験した四〇代

早朝坐禅とは別に、私にはもうひとつ、心と体の健康のために続けていることがある。といっても、坐禅ほど珍しいものではない。それは「散歩」である。

「歩く」という行為は、脚を組んでその動きを封じ込めてしまう「坐る」とは、実に対照的だ。それを意識して選んだわけではないが、身体の使い方という意味ではバランスがいいといえるかもしれない。

坐禅と散歩のどちらを先に始めたのかは忘れてしまったけれど、自覚的に歩くことを心掛けるようになったのもやはり三十数年前、私がまだ四〇代のときだった。きっかけは、ちょっとした「うつ」状態になったことである。序章で、現代の日本人はうつという「もののけ」に苦しめられているという話をしたが、その見方は自分自身の経験から出てきたものでもあるのだ。

三〇代に入ったあたりから、たまにうつ状態になり、それが一週間ぐらい続くことがあった。それがもっともひどくなったのは、ちょうど、初めて東京に出てきた頃のことである。結婚して子供もひとりいたのだが、いろいろと具合の悪いことが重なって気持ちがひどく落ち込んでしまい、何をするにもまったく意欲の湧かない状態になってしまったのだ。

「悪いこと」のひとつは、体調である。十二指腸潰瘍《じゅうにしちょうかいよう》の手術を受けた後で、胃腸の調子がかなり悪かった。もうひとつは、失職したことだ。その点でも、いまの中高年のうつと共通するところがあるといえるだろう。

もっとも私の場合、勤めていた職場を去ること自体は決して珍しいことではなかった。どうも性格に遊牧民的なところがあるようで、ひとつの場所に長く留まっていられないのだ。同じ職場にしがみついて出世を目指す農耕民的な人たちと折り合いが良くないせいもあって、次々といろいろな大学や研究所などを渡り歩いてきた。一カ所に勤める期間は、平均すると五年ぐらいの幅だったことになる。

だから辞めること自体は大した問題ではないのだが、あのときだけは絶望的な気分にならざるを得ない状況だった。というのも、私は当時、学界でも大変な権威として知られていた著名な学者を真正面から批判した。そのせいで各方面からバッシングを受け、学問の世界から追放同然の身になってしまった。

いくら遊牧民だとはいえ、これは堪《こた》える。研究者が学界にいられなくなったら、遊牧民が平地から海に放り出されたようなものだ。馬に乗って移動することもできない。

それで家のなかに引きこもり、たまに物を書いたりしながら過ごしていたのだが、そんなことをしていても気が滅入るばかりである。そこで、ある日ふと思い立って散歩に出てみた。すると、意外に気が晴れてくる。最初は三〇分程度だった散歩が、一時間、二時間とだんだん長くなっていった。

歩く・泣く・眠る――落ち込み回復の三原則

ただし、散歩中の気分というのは天気にも大きく左右されるものだ。晴れた日に歩いているとすぐに気持ちもスカッとするのだが、曇り空の下を歩いていると気持ちも淀む。空模様がそのまま心に反映されるのだから、人間というのは単純なものである。

その日も、空は曇っていた。歩いていても、あまり気持ちは晴れない。やがて、ぽつぽつと雨も落ちてきた。ふつうなら、散歩をやめて家に帰るところだ。

しかし私はそのとき、どういう心境だったのか、そのまま傘もささずに歩き続けた。

雨脚《あまあし》は次第に強くなり、頭や顔を容赦なく濡らす。

気がつくと、私は泣いていた。目からは涙が止めどもなく流れ、喉の奥からは嗚咽《おえつ》が漏れる。ほとんど号泣《ごうきゅう》である。四〇過ぎの男が号泣しながらずぶ濡れで歩いているのだから、道行く人が見たら実に奇妙な光景だっただろう。

だが私は、気持ちがすっきりしていくのを感じていた。抑圧されていたものが、雨や涙と一緒に流れていくように思えたのだ。そうやって、一時間ほど歩いていただろうか。家に戻って安酒を呷《あお》り、床に倒れ込むようにして眠ると、目覚めたときには気持ちがとても軽くなっていた。

おそらく、声を上げて「泣く」という行為には、人間に何らかのカタルシスをもたらす効果があるのだろう。カラオケで歌を熱唱するのと同じようなことかもしれない。その後も「歩く・泣く・眠る」は、私にとって、落ち込んだ気分を回復させるための三原則になっている。

ともあれ、私が「歩く」ことに積極的な意味を見出したのは、そのときからである。天気の良いときは晴れ晴れとした気分で歩き、雨が降れば泣きながら歩く。坐禅もそうだったように、自然のリズムに心を委《ゆだ》ねるのは人間にとって心地よいものだ。動きとしては対照的な「坐る」と「歩く」だが、どちらも自然と向き合うことで心を癒すという点では共通点があるのではないだろうか。

思えば、椅子を使う生活で「坐る」習慣がなくなったのと同様、「歩く」も現代人が忘れがちな行動のひとつだ。自動車や新幹線はたしかに便利だが、そういった乗り物の車内に閉じこもって移動ばかりしていると、心が解放されない。もちろん足腰も弱まるだろう。足腰が弱くなれば、行動が消極的になって気持ちもふさぎがちになる。だからこそ、意識的に「歩く」ことが必要なのだ。うつの予防にもなると思うのである。

出羽三山《でわさんざん》でかじったキュウリの味

また、「呼吸」が大切であるという点でも、「歩く」には坐禅に通じるところがある。たとえば山登りをするにしても、呼吸が乱れている人間はすぐに疲れて歩けなくなってしまうものだ。

私がそれを痛感させられたのは、とある新宗教の信者たちと出羽三山に登ったときだった。七〜八人ずついくつかのチームに分かれて登ったのだが、私が属したチームのリーダーは、いかにも山登りに慣れたご老体だった。その人の後ろをついて歩いていると、不思議と疲れを感じない。かなりのスピードで歩いているにもかかわらず、歩幅が見事なまでに一定していて、そのため呼吸が乱れなかったのである。

その登山では、呼吸の整え方のほかにも、いろいろなことを学ばせてもらった。たとえば、水分の取り方。あれは、九合目あたりまでたどり着いたときのことだ。もう頂上は目の前に見えているのだが、「ここから先が大事だから、小休止しよう」というそのリーダーの一声で小休止することになった。それで私は思わず、水筒に口をつけようとした。ところがその年老いたリーダーが、「ちょっと待ってください」とそれを制止する。そして、自分の畑で採ってきたというキュウリを、「これをかじったほうがいい」と差し出されたのである。

いわれたとおりにキュウリをかじってみると、これが実に旨い。たっぷり水分を含んでいるから、喉の渇きもたちまちおさまった。その段階での水分補給は、その程度で十分なのだ。もし水筒の水をがぶがぶ飲んでいたら、かえって疲れが出てしまい、頂上までの最後のひと頑張りがきかなくなったことだろう。その一本のキュウリに、山岳修行の長い伝統のなかで受け継がれてきた知恵が凝縮《ぎょうしゅく》されているような気がした。

山中での修行といえば、以前、二度も千日回峯《せんにちかいほう》を満行《まんぎょう》されたことで知られる酒井《さかい》雄哉《ゆうさい》さんの姿を、深夜の比叡山《ひえいざん》で追ったことがある。千日回峯の行者が一日に歩く距離は、およそ四〇キロ。フルマラソンとほぼ同じ距離だ。それが断続的に千日間も続くのだから、凄まじい修行である。しかも酒井さんは、「歩く」というよりも、ほとんど「走る」のと変わらない勢いで山中を駆け巡っていた。

そんなスピードで、四〇キロを千回も歩く。合計四万キロだから、ほぼ地球一周分の距離だ。つまり酒井さんはその修行を通じて地球を二周したことになる。それだけではない。酒井さんは中国で五台山巡礼《ごだいさんじゅんれい》もやられているし、ヨーロッパでローマ法王に謁見《えっけん》した際には、世界平和巡礼という試みにも挑まれた。さらに、中国の聖地の一つでもある山東省《さんとうしょう》の孔子廟《こうしびょう》にも行脚《あんぎゃ》の足を運んでいる。まさに「歩く」ことに憑《つ》かれたような人物だといっていいだろう。

その激しい情熱がどこから来るのか、せいぜい日常レベルの「散歩」の効用ぐらいしか知らない私には、わかりようもない。自己流の勝手禅では、道元の「只管打坐《しかんたざ》」の境地になど到達できないのと同じことだ。

ただ、「ひたすら歩く」が「ひたすら坐る」に通じる何かをもたらすであろうことは、いくらか想像がつく。それはどちらも自分自身と向き合い、さらには宇宙全体と対峙《たいじ》するような行為なのだろう。

ブッダもイエスも、「歩く」ことで思索を深めた

それに、そもそも「歩く」という行動は宗教の起源と密接な関係がある。

たとえば仏教の開祖であるブッダは菩提樹の下で悟りを開いたとされるが、その悟りは必ずしも「坐る」ことだけでもたらされたものではないだろう。ブッダは「歩く人」でもあった。

かつて私はインドの仏跡を訪れた際、ブッダがその生涯にどれほどの距離を歩いたのかということに思いを馳《は》せたことがある。ブッダの生誕地であるルンビニーから伝

道地のガンジス河中流域までの道のりは、ざっと計算しておよそ五〇〇キロだ。ブッダの行動はいまだ謎に包まれたところが多く、はっきりとしたことはわからないが、おそらく彼はその距離を二往復ぐらいはしているのではないかと思う。もちろん徒歩で、である。

ブッダの教えは、その遍歴遊行《へんれきゆぎよう》の旅があったからこそ、あそこまで深く練り上げられたに違いない。少なくとも私はそう信じている。仏教の本質と二〇〇〇キロに及ぶ歩行距離のあいだには、深い意味が隠されているはずだ。

また、イエス・キリストも「歩く」ことと無縁ではない。私はその足跡をたどるために、イスラエルにも行ったことがある。

イエスが少年時代を過ごしたのは、北方のナザレという街だ。そこからガリラヤ湖に出て、伝道生活に入っている。イエスの福音《ふくいん》活動は、そのほとんどがこの湖の周辺で行なわれた。イエスが水上を歩くという奇跡を起こしたとされる湖も、このガリラヤ湖であることはいうまでもない。

その後、イエスはヨルダン川を下ってエルサレムにたどりついた。そして最後はゴルゴタの丘で十字架にかけられ、その生涯を終えている。ナザレから死地となったゴルゴタの丘までの距離は、およそ一五〇キロ。五〇〇キロの道のりを往復したブッダと違い、イエスの旅は「片道切符」であった。同じ「歩く」でも、そこには何か質的な違いがあったかもしれない。そして、それは仏教とキリスト教の違いにも何らかの影を投げかけているはずだ。

親鸞も道元も、生涯で二〇〇〇キロを歩いている

いずれにしても、宗教者はその多くが人生のなかで長い距離を歩いている。日本の聖人たちも例外ではない。

たとえば親鸞は、いわゆる「承元《じようげん》の法難《ほうなん》」で京都から越後《えちご》に流された。罪を許されてからは京都に戻らず、しばし越後に留まった後に関東の常陸《ひたち》へ赴き、そこで約二〇年間にわたって布教活動を行なっている。そして晩年になって京都へ帰り、主著の『教行信証《きようぎようしんしよう》』の最終版をその地で書き上げた。その間に歩いた距離は、およそ二〇〇〇キロである。

道元もまた然《しか》り。同じく京都から、こちらは自らの意思で越前《えちぜん》へ行き、現在の永平寺を開いている。その後、執権《しっけん》政治の全権を掌中《しょうちゅう》に収めたばかりの北条時頼《ほうじょうときより》の招きで、鎌倉《かまくら》へ下向《げこう》したこともあった。

そこでの日々について詳述している余裕はないが、鎌倉での北条時頼との出会いは、道元にとってあまり実りのあるものではなかったようだ。簡単にいうなら、在家《ざいけ》伝道に対する意欲を失い、厳しい出家《しゅっけ》主義へ回帰するきっかけとなったのが、この鎌倉下向だったと私は見ている。ともかく、道元は半年後に再び越前へ戻った。歩いた距離は、親鸞と同じ二〇〇〇キロである。

このように、偉大な宗教者たちは皆、「歩く」ことを通して人間や社会を知り、その思想や教えを磨き上げていった。だとすれば、「歩く」ことを忘れた現代人が宗教的感覚に鈍感になり、心の拠《よ》り所を失ってしまったのも無理はないといえるだろう。電車や自動車で移動できるところに徒歩で移動するのは、たしかに不合理で非効率的である。だが、合理的で効率的な行動様式に浸りきったことで、われわれが何を置き去りにしてきたのかということも、少しは考えてみたほうがいいのではないだろうか。

「箱根八里《はこねはちり》」を歩くことで発見した、富士の存在感

もちろん、われわれのような凡人が歩いたからといって、ブッダやイエス、親鸞や道元のごとき崇高な境地に到達できるわけではないだろう。しかし、そんなに立派なものではなくとも、「歩く」ことにはさまざまな発見や楽しみがある。それは、どんな人間でも時間と労力さえ惜しまなければ味わえるものだ。

私にも、そんな体験は少なからずある。とりわけ印象的に覚えているのは、三〇年以上前に、大学の教え子たちと箱根八里を歩いて越えたときのことだ。

きっかけは、授業後に学生たちと居酒屋で飲んでいたときに、「先生、一緒に箱根を歩きませんか」と誘われたことだった。どうしてそんな話になったのかは、覚えていない。しかし私も以前から箱根を歩いてみたいと思っていたので、その場で「よし、やってみよう」と答えていた。子供の頃から、滝廉太郎《たきれんたろう》の作曲した『箱根八里』という歌が大好きで、よく口ずさんでいたのだ。ハーモニカでメロディだけを吹いていても、頭のなかでは鳥居忱《とりいまこと》の歌詞が軽快に走り回るぐらい、その世界に憧れていた。

一〇人の学生と共に箱根に向かったのは、それから間もないゴールデンウィークの

ことだ。生憎《あいにく》の雨模様だったが、一日目は小田原《おだわら》からスタートして芦《あし》ノ湖畔《こはん》まで歩いた。そこで民宿に一泊し、翌日は強羅《ごうら》まで。三日目は乙女《おとめ》峠《とうげ》を越えて御殿場《ごてんば》へ出る予定になっていたが、その頃には雨がひどい土砂《どしゃ》降《ぶ》りになってしまい、そのコースだけは諦《あきら》めてバスに乗らざるを得なかった。

御殿場では近所の寺に頼んで寝かせてもらったのだが、翌朝、目覚めて外に出ると、前日の雨が嘘のような雲ひとつない晴天である。眼前には、富士山がくっきりと姿を現わしていた。御殿場から見上げる富士には、怖いぐらいの圧倒的な存在感があるものだ。それはもはや「美しい」という形容を超越している。まさに「威容《いよう》」というほかはなかった。

その後、沼津《ぬまづ》まで二五キロほどの道のりを歩いたのだが、その間、富士山は刻々とその姿を微妙に変えてゆく。別の表情に気づくたびに、私は新しい富士山の魅力を発見していた。それでわかったのは、富士山は新幹線や飛行機から眺めるものではない、ということだ。少なくとも、それで富士山を見たつもりになってはいけない。自分の足で歩きながら、さまざまな角度から仰ぎ見て初めて、その本質がわかると思ったのである。

北斎《ほくさい》の『富嶽《ふがく》三十六景《けい》』が、逆遠近法で描かれている理由

そんなふうに、常に富士山を「再発見」しながら歩いていたので、途中はさして疲れを感じることもなかった。だが沼津にたどり着いたときには、足のマメはつぶれ、膝や腰もガクガクになっている。さすがに疲労困憊《こんぱい》した私たちは、海岸に出て、突堤《とってい》の上に倒れ込むように寝そべって休息をとった。

そのときである。風に吹かれて、波しぶきが顔にかかった。ふと顔を上げて海のほうを見ると、どこかで見た風景が広がっていた。波間から垣間見える、富士の雄姿《ゆうし》。そう、『富嶽三十六景』で葛飾《かつしか》北斎が描いた、あの有名な構図が私たちの目の前にあったのだ。

そこで私は、以前から気になっていたあることを思い出した。北斎の描く富士の絵のなかには、しばしば旅人の姿も登場する。山麓《さんろく》の道を歩いていたり、舟に乗っていたりするのだが、不思議なのは、その旅人たちがときに米粒のように小さく描かれて

いるということだった。それに対して富士山のほうは、かなり大きな輪郭で描かれている。

なぜこれが不思議かというと、遠近法で写実的に描いた場合は、遠くの富士がもう少し小さく、手前の旅人が大きく見えなければおかしいからだ。ところが北斎は、それを「逆遠近法」で描いている。そのことが、私は学生時代から妙に気になっていたのである。

しかし、富士の姿を横目で見ながら箱根八里を自分の足で歩いた私は、「波間の富士」を目の当たりにした瞬間に、その理由がわかったような気がした。御殿場でその威容を前にしたときから、富士山の前では自分の存在がまさに米粒のような頼りないものにしか感じられなくなっていたからだ。

北斎は、この感覚をその絵のなかに封じ込めたかったに違いない。逆遠近法は『源氏物語絵巻』などにも見られる古典的な手法だが、これはおそらく、視覚で捉えたものをそのまま描く手法ではなく、自分の心が捉えた風景を表現する手法なのだろう。

その心象《しんしょう》風景との関わりのなかで生まれてくる逆遠近法に、日本人の生命観、自

甲州犬目峠（葛飾北斎『富嶽三十六景』）

心象風景を、「逆遠近法」で描き出している

然観、それに美意識といったものが凝縮《ぎようしゆく》されているように私には思えた。箱根八里を「歩く」ことによって、私はそれを発見した気になったのである。

巨大な富士と、米粒のような旅人の対比。北斎がそこで表現した自然観とは、山に対する畏怖《いふ》の感情だろう。山岳の奥深くにひそむ霊異《れいい》に対する畏《おそ》れの気持ちといってもいい。日本では万葉の昔から、山は死者を受け入れる他界として、さらにはその死者がやがて神として鎮《しず》まる聖地として、信仰の対象とされてきた。山部赤人《やまべのあかひと》も、富士を振り仰いで「神さびた山」と詠《うた》っている。そういった長い信仰の伝統があったからこそ、北斎の富士もあのような描かれ方になったのだろう。富士の麓《ふもと》で波しぶきを浴びながら、私はそんなふうにひとり納得していたのである。

親鸞や道元は、富士山をどう捉えたか

ところで、その長いようで短い旅を終えてしばらくしてから、私はまた新たな疑問を抱くようになった。あの富士山の威容について、親鸞や道元はどんな感想を持ったのだろうか、という疑問である。彼らはいずれも、京都と関東のあいだを歩いて往復

している。そのルートは必ずしも明らかになっていないが、どこかで富士の姿を目にしていた可能性はきわめて高い。

ならば、それについて何か書き残していても不思議ではないだろう。絵や写真で富士山の姿を見慣れている現代の私でさえ、実物を前にしてあれほど感動したのだ。鎌倉時代に富士山を見たことのある人は、そう多くないだろう。何も知らずにあの威容を前にしたら、何か感想のひとつも残しておきたくなるのが人情というものである。

ところが、親鸞や道元の書いたものをいくら調べてみても、富士山に関する記述はひとつも見つけることができなかった。彼らは、富士を見る機会がなかったのだろうか。それとも、見ていたにもかかわらず、あえてそのことを記録しなかったのだろうか。

いや、もしかすると、富士山の巨大さにも圧倒されないほど、彼らが人間として大きかったということかもしれない。あるいは、常に広大な宇宙全体を見据えていた彼らには、富士山といえども、さほど大きな存在に見えなかったということだろうか。

いずれにしろ、聖人と凡人では同じ道のりを歩いても見えるものが違う、ということのようである。

散歩をするためにあるような街、京都

しかし、親鸞や道元と自分を比べて嘆いていても仕方がない。凡人の「散歩」の話を続けることにしよう。

小さな発見や喜びは、どこにでも転がっている。なにも箱根八里に挑戦するような大掛かりなことをしなくても、日常的に自分の足で「歩く」ことを心掛けていれば、いろいろなものが見えてくるはずだ。

私自身、ふだんは家の近所をぶらぶらと歩いているだけだが、それでも得るものは少なくない。東京の東久留米《ひがしくるめ》という街に住んでいた時分は、よく田んぼを眺めながら田舎道を散策した。当時はまだ現在ほど開発されていなかったせいもあって、東京でも郊外なら自然と触れ合うことができたのだ。近所には平林寺《へいりんじ》という広大な敷地をもつ禅寺もあり、よく足を向けた。

その後、京都に移り住んでから、もう二〇年以上になる。こちらは、まるで散歩をするためにあるような街だといっても、決して過言ではないだろう。京都ほど歩き甲斐のある街はほかにない。最初に住んだ西京《にしきょう》区も、七年ほど前から暮らしている下《しも》

京区《ぎょう》も、それぞれに味わいのある街並みが続いている。

京都が歩いていて楽しいのは、いうまでもなく、いたるところに由緒《ゆいしょ》正しい文化財が残っているからだ。無論、これは放って置いて残るものではない。市民たちの日常的な努力があるからこそ、われわれはいまも京都の古い街並みを堪能《たんのう》することができるのである。

たとえば、いま私が住んでいる綾小路《あやのこうじ》通りから東へ五分ほど歩くと、何の変哲もない街角に「本居宣長《もとおりのりなが》先生修学《しゅうがく》之地」という碑《ひ》が立っている。その時代の遺跡《いせき》があるわけではないが、あの本居宣長が二〇代の頃にそこで医学を学んでいたのかと思うと、何となく、そのまま通り過ぎることができない。しばし足を止めて、自分が長い歴史の流れのなかに存在していることに思いを馳せたりするわけだ。

また、私の住まいから西へ一〇分ほど歩くと、堀川《ほりかわ》通りを横切った先に、新撰組《しんせんぐみ》発祥の地として知られる壬生屯所《みぶとんしょ》旧跡がある。一八六三年（文久《ぶんきゅう》三年）、上洛《じょうらく》した十四代将軍徳川家茂《とくがわいえもち》の警護のために京都にやって来た浪士たちのうち、いまもそこに残る八木《やぎ》家の邸宅を宿所としていた一三名がそのまま京都に残り、新撰組となったのだ。

NHKの大河ドラマで新撰組ブームが起きたときは、いつ行っても観光客がたむろしているのであまり寄りつかないようにしていたが、最近はまた以前の平穏を取り戻している。

さらに、私が二週間に一度ぐらい足を運んでお参りしているのが、西本願寺《にしほんがんじ》だ。岩手県の花巻《はなまき》にある実家が、浄土真宗《じょうどしんしゅう》西本願寺派の末寺《まつじ》だった関係で、私は学生時代、京都までやって来て西本願寺の御影堂《みえいどう》で得度《とくど》を受けている。一〇日間の研修を受け、最終日には頭を剃《そ》って墨染《すみぞ》めの衣《ころも》を着て、当時の門主《もんしゅ》さんからおかみそりの儀式を受けた。その西本願寺に散歩の途中に立ち寄り、本堂の畳に坐って本尊の阿弥陀如来を仰ぎ見ていると、頭のなかに自分自身の半生がふっと浮かび上がってくる。楽しい思い出もあれば苦い思い出もあるが、そのなかに、いまの生き方を考える上で味わい深い発見があるのだ。

京都の本質は、「路地」を歩かないとわからない

しかし、京都散歩の味わいは、そういった名所旧跡にだけあるわけではない。綾小

路地通りでの生活を始めてから気づいて驚かされたのは、路地のそこかしこにささやかな祠《ほこら》が祀《まつ》られ、花が供《そな》えられていることだ。京都の路地というのは、だいたい五〇メートルから一〇〇メートルごとに小さな祠があり、地蔵や観音像などが祀られている。ただの石がひとつ、ポンと置かれて祀られているような祠も少なくない。

その祠に、地元の人々が毎日欠かさず花を供えている。生活のなかに、昔ながらの信仰心が根づいている何よりの証拠だろう。花だけではない。どの祠も例外なく、きれいに掃《は》き清められ、水が打たれている。これには本当に感心させられた。

なにしろ「目のやり場」には事欠かない京都の街だから、観光で何日か滞在しているだけの人たちは、そんな祠の存在には気づかずに通り過ぎてしまうことだろう。私も、京都には以前から頻繁に足を運んでいたにもかかわらず、下京区に住むまでそれに気づかなかった。

そこで暮らして、狭い路地や小路を日常的に歩くようになって初めて、古い都を一〇〇〇年にわたって支えてきた京都人の心に触れることができたのである。いくら名所旧跡を見て回っても、それを大切に守り続けてきた人々の信仰心の存在に気づかなければ、京都の本質を見たことにはならないのではないだろうか。

ネクタイ・洋服・靴を捨てて、胸元に「季節の風」を入れよ

私の場合、散歩に出るのはもっぱら午後である。早朝に坐禅を組んでから原稿を執筆し、ひと息ついて昼食を取ると、頭も体もかなり疲れているので、もう何もする気にならない。そこで外に出て、ブラブラと街を歩き始めるわけだ。

もちろん、大学や研究所などに勤めていた頃はそういうわけにもいかないので、休日しか散歩に出ることができなかった。しかし、四〇代で自覚的に歩き始めたときから現在まで、変わらないこともある。散歩のときの履《は》き物だ。この三〇年来、「素足に下駄」が私の基本スタイルになっている。京都の冬はめっぽう冷えるので、ときには足袋《たび》を履くこともあるが、下駄履きだけは変わらない。

なぜ靴ではなく下駄なのかといえば、それは自分を解放したいからだ。そもそも心を自由に解き放つために散歩をしているのだから、足元を締めつける靴はふさわしくない。自然の空気と触れ合うという意味でも、日本の風土のなかでは日本の伝統的な

履き物のほうがいいに決まっている。

したがって、着る物も洋服ではダメだ。靴にしろ洋服にしろ、西洋人が身につけるものはどれも体を締めつけるようにできている。その最たるものがネクタイというやつだろう。あれほど解放感と無縁なものはない。現代の男性は、ネクタイで首を締めつけ、洋服で体全体を締めつけ、靴で足を締めつけた状態で、ひたすら効率を要求されながら、毎日毎日、時間に追われる生活を強いられているわけだ。これでうつにならないほうが、どうかしていると感じるぐらいである。

だから、ときにはネクタイを捨て、洋服を捨て、靴を捨てる時間を作ったほうがいい。それが散歩の時間だ。私も勤め人だった頃はネクタイやスーツを身につけていたが、当時から散歩のときは作務衣《さむえ》を着て下駄を履いていた。

最近は、日常生活のほとんどを作務衣姿で過ごしている。政府関係の会議に出るようなときも、ちょっとオシャレに仕立てた作務衣を着ていった。ちょうど、省エネ対策として「クールビズ」なる言葉が持て囃《はや》されていたときのことだ。ネクタイを外した軽装が推奨され、政治家たちが皆、何を着ていいかわからず困惑していた。年寄りのまったく似合わない「クールビズ・ファッション」をテレビで見て、失笑していた人も多いだろう。

あんな新奇なことをして笑われるぐらいなら、なぜ洋服をやめてしまわないのか、私には不思議で仕方がない。日本の夏を涼しく過ごしたいなら、昔から日本人が着ていたものを着ればいいのだ。それが似合わない日本人は、まずいないだろう。先人たちの知恵というものを侮ってはいけない。

実際、作務衣を着て歩くのは、とても心地よいものである。やはり木綿《もめん》というのは肌によく馴染むので疲れないし、通気性もよい。秋や冬になると「日本の着物は胸元が寒い」という人が多いが、それは洋服に慣れ親しみすぎたがゆえの感覚だろう。体を締めつけていないと落ち着かなくなっているのだ。

胸元が開いているからこそ、そこからは季節の風が入る。胸元に風を入れて、自然との一体感や季節感を味わうために着るのが作務衣であり、日本の着物なのだ。一度その心地よさを知ったら、なかなかやめられない。そして、身につけるものが違えば、「歩く」ことを通じて感じるものも違ってくるのである。

第三章

心が楽になる「身体作法」

――正しい姿勢が人生を変える

正しい姿勢がなければ、正しい呼吸もできない

坐禅にしろ、散歩にしろ、その「坐る」、「歩く」という動作を安定させるには、やはり呼吸を整えることが大切だ。そして、呼吸を整えようと思ったら、まずは姿勢を正さなければいけない。猫背《ねこぜ》でだらんと顎《あご》を出したようなだらしない姿勢では、息をしっかりと腹に入れることはできない。

だからこそ私は、教室で学生たちを落ち着かせるとき、姿勢を正させることから始めた。それから呼吸を整えて瞑目させれば、心が安まって物事を考えることができるようになる。それは第一章で述べたとおりだ。

しかし、いまの日本人は本当に姿勢が悪い。電車のなかで坐っている人も、街を歩いている人も、おしなべて顎を出して背中を丸めている。

典型的なのは、ゲームに興じている子供たちの姿勢だ。試しにやってみればわかるが、あの姿勢だと人は自然に肩で息をするようになる。よほど無理をしなければ、腹に力は入らない。

いまや、子供も大人もそんな姿勢で過ごすのが当たり前になっているのだから、ま

してや世の中が落ち着くわけがないと私は思う。現代人が病んだ心を癒したいと思うなら、まずは自分たちの身体作法から見直すべきではないだろうか。目に見えない心の中身をいくら探っても、解決の糸口はそう簡単には見つからない。身体という、目に見えて手で触れることもできる実体から改善していくほうが、よほど手っ取り早いように思う。「調息《ちょうそく》・調身《ちょうしん》・調心《ちょうしん》」は坐禅の基本だが、それは同時に達成できるものではない。「調息」と「調身」ができて初めて、「調心」に到達できるわけだ。

だが、これは本来、そんなに難しいことではない。そもそも人間は、生まれた瞬間にしっかりとした丹田呼吸（腹式呼吸）をしている。赤ん坊の産声《うぶごえ》というのは、腹の底から出てくるものだ。また、赤ん坊がハイハイするときの姿勢を思い起こしてほしい。背中を丸めて顎を前に出している赤ん坊はいない。亀のように首を力強く上げて、背筋もピンと伸びている。あの姿勢で動けるのも、正しい丹田呼吸をしているからだ。

ところが成長するにしたがって、人間はその正しい姿勢を忘れてしまう。腹で息をすることもなくなり、口先でハーハーと喉《のど》呼吸をするようになるわけだ。だから、自覚的に姿勢を正し、呼吸を整える努力をしなければいけない。とくに、心を落ち着けてじっくり物事に対処したいときほど、それを心掛けるべきだろう。

通勤電車の座席でも、簡単な「坐禅」はできる

たとえば私は、講演や会議の前には深呼吸を欠かさないようにしている。いずれも「喋る」仕事だから、姿勢や呼吸が乱れていると、発する言葉にも力がこもらないような気がするのだ。それに、バタバタと本番を迎えてしまうと、考えもまとまらない。だから、姿勢を正して丹田呼吸を何度かして気持ちを落ち着ける。

ただし会議の場合は、途中で呼吸が乱れてしまうことが少なくない。いくら説明しても理解しようとしない頑固《がんこ》なわからず屋を相手に激論を戦わせていると（世の中にはそういう会議が多いのだ）、次第に声がうわずり、肩で息をするようになり、自分までがいつのまにか頑固な人間になっている。しかし、お互いにそうなってしまうと、まとまる話もまとまらない。そういう場合は、やはり深呼吸をして間を置くことを心掛けている。それだけで喋り方はずいぶん穏やかになるし、選ぶ言葉も違ってくるので、話の進み方はスムーズになるものだ。

どんな仕事であれ、気持ちを静めて落ち着いて取り組もうと思ったら、そうやって事前に呼吸を整える時間を持つことが必要なのではないだろうか。野球を見ていても、多くの打者が打席に入る前にフーッと息を吐き、呼吸を整えている。

毎朝通勤電車に揺られている勤め人なら、その時間を深呼吸に充《あ》てるのもひとつの方法だろう。座席で背筋を伸ばし、軽く膝の上で手でも組めば、ちょっとした「坐禅」にもなる。そのまま一〇分でも二〇分でも呼吸を整えることに集中すれば、かなりストレスが軽減されるはずだ。

首都圏では席に坐れない人も多いだろうが、よほどの満員電車でなければ、姿勢を正して丹田呼吸をするぐらいの余裕はあると思う。前日の疲れが残っているからといって、背中を丸めてだらしない姿勢をしていたのでは、その日の仕事ぶりもだらしないものになってしまうに違いない。

なぜ、「口呼吸」の人が増えているのか

ところで、呼吸をするとき、あなたはどこから息を吸っているだろうか。おそらく、

そう聞かれても即答できない人のほうが多いだろう。

呼吸というのは、眠っているあいだもやっているぐらいだから、たいがいの人は無意識に吸ったり吐いたりしているものだ。そのため、息は鼻からも口からも吸えるということ自体、うっかりすると忘れている。それさえ忘れているのだから、自分がどちらで息をしているのか答えられないのも無理はない。

私が見たところ、いまは昔よりも「口呼吸」の人が増えているような印象がある。少なくとも、顎を出して背中を丸めている姿勢の悪い人は大半がそうだろう。この姿勢のときは、口が半開きになっていることが多いのだ。これもやってみるとすぐにわかるが、口が半開きの状態で鼻から息を吸うのは意外に難しい。意識しなければ、まず間違いなく口呼吸になる。

しかし、人間は言葉を喋る関係で口でも呼吸できる仕組みになっているが、動物にとって「呼吸器」とは基本的に「鼻」である。犬は口でハァハァと息をしているように見えるが、あれは舌を出して体温の調節をしているだけで、呼吸はしていない。息は鼻から吸っている。呼吸器だからこそ、鼻のなかにはいろいろなフィルターがあって、雑菌や埃などがそのまま体内に入らないようになっているわけだ。口の奥にはフィルターがないから、病気の予防という観点からは、鼻から息を吸うのが正しい。

一から八まで数えて行なう「丹田呼吸」

坐禅における丹田呼吸も同じである。最初の「一、二」では鼻から短く息を吸う。ちなみに「臍下丹田」とは、ヘソから数センチ下のこと。その深いところに息を入れるつもりで吸い込み、次の「三、四、五、六」でゆっくりと吐き出すわけだ。これは口からでかまわない。一対になって「阿吽《あうん》の呼吸」を表現している神社の狛犬《こまいぬ》や金剛力士《こんごうりきし》像も、口を閉じているほうは息を吸い、開いているほうが吐き出している。

吐いた後は、しばらく止めてもいいし、すぐに吸ってもいいだろう。私は学生たちに「七、八」で止めるように指導したし、自分もそうしているが、それぐらいの意識でやったほうが「ゆっくり吐く」ということを忘れずに実行できるし、その次の吸い込み方が深くなる。

こうした「調心」につながる「調息」や「調身」、つまり呼吸法や坐法などを最初に体系化したのは、インドのヨガだった。ヨガの原点は、呼吸法と坐法を車の両輪とする独自の心身訓練法なのだ。

たとえば釈迦の坐法である「結跏趺坐」も、その基本形はヨガの坐法のなかにもある。また、吸気を短く呼気をできるだけ長くする呼吸法も、もともとはヨガが教えていることだ。仏教の坐禅は、ヨガのなかから自分たちの教えに不要なものを取り払い、必要なところだけを抜き出して、独自のアレンジを加えていったものだと思えばいいだろう。

だから、ヨガでも坐禅でも、それが自分の「調心」に役立つと思えば、どちらをやってもいい。人にはそれぞれ向き不向きがあるから、どちらがより優れているということはいえない。

ただしヨガと坐禅の両方をやっている人には会ったことがないから、源流は同じといっても、やはり何か相容《あいい》れないものはあるのだろうと思う。たとえばヨガが「動」の世界だとすれば、坐禅は対極的な「静」の世界という印象がある。その「静」の世界を日本人の美意識に沿った形で純化させたのが、道元だったのかもしれない。

阿吽《あうん》の呼吸をしている狛犬

口を閉じているほうが息を吸い、開けているほうが吐いている
（熊野古道小辺路）

「背中」で語れなくなってきた、現代日本人

いずれにしろ、いまの日本人は「心」と表裏一体の存在である「身体」の作法というものに対して、もっと自覚的であるべきだと思う。私には、日本人の身体作法の乱れが、心の乱れを生んでいるように感じられてならないのだ。

おそらく、身体の乱れは、序章で述べたような「軽い言葉の氾濫」とも関係がある。ひたすら「言葉によるコミュニケーション」を追い求めてきたことで、身体から発せられる「無言のメッセージ」の大切さが見失われているのだ。

よく指摘されることではあるが、西欧流の近代合理主義は言葉による契約や議論を重んじ、それこそ「阿吽の呼吸」に代表されるような曖昧《あいまい》なコミュニケーションは否定される。このやり方は必ずしも日本人や日本語に馴染むものともいえないのだが、日本人はどうも「日本のやり方は西欧よりも劣っている」と思い込みやすい。その結果、言葉だけのコミュニケーションが過剰になり、自分の表情や身振りなどを含めた「身体」がどう見えるかということに対して、無頓着《むとんちゃく》になってしまったのではないだろうか。

そのような変化は、姿勢の悪い人が増えたことだけではない。最近、日本人の身体作法のなかで私がもっとも気になるのは、「背中」のたたずまいに隙《すき》のある人が多くなったことだ。

昔から「目は口ほどにものを言う」などというが、背中も目に負けず劣らず「雄弁」なものである。男が寡黙《かもく》だった時代には、「子供は親の背中を見て育つ」といわれた。いまは「父親の育児参加」などということがやかましくいわれるようになり、男も真正面から子育てに取り組むことが求められているから、背中ばかり見せている男は旗色《はたいろ》が悪い。

しかし、男親だろうが女親だろうが、子供がその背中を見ていることは昔もいまも変わりがないだろう。もちろん正面から向き合うことも大事だが、背中で多くを語ることもまた大事だと思う。

ところが、いまは子育てにかぎらず、何事も「対面型のコミュニケーション」ばかりが重視される世の中だ。言葉ですべてを伝えようとすれば、そうなるのも無理はない。しかし、対面型コミュニケーションだけに集中していると、それを終えて振り向いたときに、「隙」が生じる。さっきまで正面を向いてあれほど饒舌に喋っていた人が、振り向いて背中を見せたとたん、こちらに何も伝えなくなるのだ。

医者の「冷たい背中」に打ちのめされる

私がそれに気づいたのは、病気でしばらく入院したときだった。入院患者にとって、夕食を終えた後というのは、きわめて退屈なつらい時間帯である。病院の夕食はやたらと時間が早いから、それが終わってしまうと、就寝まで孤独で寂しい時間が続く。だから、一日の最後に診察や検温のためにやって来る医者や看護婦との会話はとても大事だ。眠るまでの長い時間を心安らかに過ごせるかどうかは、そこで決まるといっていい。

そのとき、とりわけ患者にとって重要なのが、彼らが仕事を終えて病室を去るときに見せる「背中」である。自分が入院して初めて、患者というものはそれを強く意識して見るのだということがわかった。自分の病状や治療後の経過などについて、その背中から何かを読み取らずにはいられないのだ。

ところが、その背中が実に冷たいときがある。さっきまでニコニコとして語りかけていたのが嘘のように、背中を見せたとたん、こちらとのコミュニケーションが断絶してしまうのだ。おそらく、自分が後ろを向けば、患者も自分からは目を離すと思っているのだろう。見られていると思っていないから、その背中には「早く帰りたい」という本音がにじみ出ている。そこからは患者に対する思いやりが消え、励ましの気持ちも読み取れなくなっている。眠れぬ長い夜を迎える前にそんな背中を見せられるのは、実にやりきれない気分だった。

おそらくこれと同じようなことが、学校の教師や会社の上司の場合にもみられるのではないだろうか。生徒や部下が自分の背中を見ていることに自覚的な人は、あまり多くないと思う。同じように、授業や会議でどんなに立派な言葉を並べても、去り際《ぎわ》の背中にそれが見られなければ、結局は何の説得力もないことになる。向かい合って「おまえなら頑張ればできる」、「期待しているぞ」と言おうと思ったら、背中でも同じことを語らなければいけないのだ。そこに「やれやれ終わった」という本音がにじみ出ていたら、どんな説教も台無しである。

「能《のう》」の舞台に見る、サイレント・コミュニケーションの深さ

そこで、「背中」の見せ方を忘れた日本人に勧めたいのが、能の舞台だ。あれほど背中の美しさや沈黙の意味を深く感じさせてくれるものはない。能というのは基本的に退屈なもので、私などは見始めて五分もすると居眠りがでてしまうのだが、最後の一〇分間だけはしっかりと目を開けて鑑賞するようにしている。シテやワキやツレが次々と舞台を去っていくときの背中が、きわめて味わい深いものだからだ。不思議に、そのときになって目が覚める。

そのなかでも忘れ難いのが、最後に背中を見せるワキの僧のたたずまいである。すべての舞台がそうだというのではないが、冒頭の場面で、よく「諸国一見の僧」と名乗るワキの僧が登場する。このワキの僧というのは極度に言葉を排した役割で、登場したあとは、舞台の右手前方に坐ったまま沈黙を守る。その後に出てくる主人公のシテが身の上話をするのを最後まで黙ってじっと聞いている。しかし、そこにワキがいなければその能の舞台はそもそも成り立たない。いわば悩みを打ち明けて口説きに口説くシテにとっての「カウンセラー」として、そこに存在しているのがワキの僧なの

ワキの僧が去り際に見せる味わい深い背中

宝生会月並能「来殿」ワキ高井松男

だ。

カウンセラーといえば対面型コミュニケーションの代表選手みたいなものだが、この場合のワキはシテに対して言葉を発することなく、ただ聞くことに徹している。そして最後になって、味わい深い背中を見せて舞台から去っていく。しかし、それが逆にサイレントなコミュニケーションの効果を発揮して、深い言葉の存在を感じさせるのである。そういう伝統芸能のなかにあらわれる豊かな身体作法を、いまの日本人はあらためて見直すべきではないだろうか。

ダライ・ラマが「素足」、「素肌」を見せている理由

日本の舞台芸能を見ていると、もうひとつ、われわれが忘れかけている身体作法があることに気づく。それは、「素足」の美しさを見せるということだ。能にしろ歌舞伎にしろ、日本の伝統的な芸能では、足袋を履いていたとしても、足首は見せていることが多い。それが日本人の目には、実に潔《いさぎよ》い身体性を感じさせるのである。

素足を見せることに対する感覚は、洋の東西で大きな隔たりがある。たとえば、仏

像は中国でも日本でも当然ながら大半が裸足だが、キリスト教の宗教画では、女性の足を描くことが禁じられていた。十七世紀には、スペインの画家ムリーリョが聖母マリアの爪先を描いたために宗教裁判にかけられたこともある。マリアが胸をあらわにした絵は許容されるけれども、その足をあからさまに描くことはタブー視されているようだ。そもそも上半身の露出《ろしゅつ》に対しては寛容であるにもかかわらず、足の露出にはきわめて神経質なのが西欧社会なのだ。

これについては、以前、ウィーン生まれの建築家で文化人類学の研究者でもあるバーナード・ルドフスキーの『みっともない人体』(加藤秀俊・多田道太郎訳／鹿島出版会)という本によって教えられた。そこにはそのことに関する西欧人の心理を裏付けるようなアンケート結果が報告されていて、得心したことがある。たとえば一九六六年に、アメリカの婦人雑誌が「からだの部分でいちばん醜《みにく》いところはどこか」という質問をしたところ、圧倒的多数が「足」と答えたというのだ。われわれ日本人には、ちょっと理解しがたい感覚ではないだろうか。おそらく、西欧人が靴下や靴を履くようになった背景にも、足を「醜い」と感じる心理が働いていたからに違いない。

もちろん、それは彼らが「直立の文化」のなかで暮らしてきたこととも関係があるだろう。西欧人は家のなかでも靴を履いたまま生活しているが、固くて頑丈な靴を履いた状態では、結跏趺坐はもちろん、正坐やあぐらで坐ることも容易ではない。

一方、「坐の文化」を持つわれわれ日本人は、家のなかでは履き物を脱ぐし、素足を美しいと思う感覚も持っている。散歩について述べた章で、解放感を味わうには下駄履きがよいという話をしたが、「素足を見せる」という点でも、それは日本の伝統的な身体作法にかなっているわけだ。

さらにいえば、素足を含めた「素肌」を見せることには、先ほど「背中」について述べたのと同じような「サイレント・コミュニケーション」としての意味があると私は思っている。人間の背中と同様、素肌もまた多くを語るということだ。口では「自分は元気でバリバリ仕事をしている」といっていても、顔や首筋などの肌つやが悪く、張りがなければ、体調がよくないことは一目瞭然となる。逆に、素肌に張りがあって輝いている人は、黙っていても「この人なら仕事を任せて大丈夫だ」と信頼できるというものである。

先日、チベットのダライ・ラマさんと会ったときにも、あらためて素肌を見せることの大切さを認識させられた。誰でも写真を見たことがあると思うが、ダライ・ラマさんは常に両腕を露出し、素肌を人目にさらしている。もうかなりの高齢だから、それなりにシワやシミなどもみとめられるのだが、それでもその肌は張りがあって美しい。人柄の高潔《こうけつ》さが、そこに表われているように見えるのである。

よく、「三〇を過ぎたら男は自分の顔に責任を持て」というが、素肌にも同じことがいえるのではないだろうか。

「食べるな」といわない「食育」には限界がある

ただし、素肌をきれいに保つためには、「気持ち」だけではどうにもならないのも事実だ。素肌のあり方は、その人の食生活と深く関わってくる。逆にいえば、日本には素肌がきれいになるような食文化があったからこそ、それを見せることを厭《いと》わない文化が育ったということかもしれない。だとすれば、その日本人が靴を履き、ネクタイを締めて素肌を隠し、これまでのように素肌を風にさらさなくなったのは、食生活が欧米化したことがひとつの原因になっているのかもしれない。

いずれにしろ、いまの日本人が心の平穏を取り戻すためには、食生活の見直しも大きなテーマであることは間違いない。人間の体が食べた物から作られる以上、きちんとした食事をしなければ美しい身体作法も生まれないだろう。たとえば朝食を抜いて慌《あわ》ただしく学校や会社に出かけたのでは、始業前に姿勢を正し、呼吸を整えるようなこともできない。腹に力が入らず、だらけた姿勢のまま一日のスタートを切らざるを得ないわけだ。

その意味で、「百マス計算」で有名な陰山英男《かげやまひでお》氏が提唱した「早寝早起き朝ごはん」が文部科学省の主導する国民運動となり、「知育・体育・食育」が教育のキーワードとして語られるようになっているのは、たいへん結構なことだと思うし、身体作法の面からいっても意味がある。これを一過性の流行語に終わらせず、しっかりと続けて定着させていくことが、社会全体を覆う「うつ」を克服する上でも求められるところだ。

だが私には、現在の「食育」をめぐる動きについて、ふたつほど不満がある。ひとつは、そこに「そんなに食べるな」というメッセージがみられないことだ。これも、序章で述べた「言葉の軟弱化」の表われの一つだろう。「殺すな」といわずに「命を大切にしよう」というのと同様、いまの食育方針は「食べるな」といわずに「体によいものをバランスよく食べよう」というのである。

もちろん、朝食にかぎらず「食べるな」とは私も言わない。しかし、せめて「そんなに食べるなよ」と、なぜ言わないのか。ところが現在、役所もマスコミも、健康のために「あれも食べろ」、「これも食べなければいけない」というメッセージばかりを発信しすぎているのではないだろうか。これでは、食生活のなかでも最大の問題のひとつである「飽食」を解決することにはならない。

最近も、テレビ番組が実験データを捏造《ねつぞう》してまで「納豆《なっとう》にダイエット効果がある」と伝え、それを信じた人々がスーパーの店頭に殺到して大騒ぎになった。しかしダイエットをしたいなら「食べない」のがいちばん手っ取り早いに決まっている。にもかかわらず、「食べるな」、「そんなに食べるな」というメッセージはどこからも聞こえてこないのだ。日本には昔から「腹八分目」というすばらしい言葉があるのに、それもいまや死語と化した感がある。ときどき学生たちと街にくりだすことがあるが、いまだに巷《ちまた》には、若者相手の「食べ放題」、「飲み放題」の店が溢《あふ》れ返っている。品格のない国とはまさにこういう国をいうのだ。

人間の生命は、近代的な合理主義だけでは理解できない

たしかに、食べ物の栄養素を科学的に分析していけば、健康のためにはいろいろな食品を食べなければいけないという結論になるのだろう。だが私は、「食べない」ことが人間の生命力を逆噴射《ぎやくふんしや》させることがあることを、経験的に知っている。それに気づいたのも、病気で入院したときだった。血を吐いて病院に担ぎ込まれ、何日も点滴だけで栄養補給していたのだが、三日目か四日目になると猛烈な飢餓感《きがかん》に襲われるものの、それを過ぎるとむしろ爽快な気分になってくるのだ。いまは心身のリフレッシュのために断食《だんじき》道場へ通う人も増えているが、それも「食べない」ことが人間に活力を与えることの証左の一つだろう。

人間の生命には、そういう逆説的なところがある。近代的な合理主義だけで、すべ

てを理解できると思ってはいけない。

たとえば、われわれ人間が体内にDNAと呼ばれる物質を持っていることは、科学によって客観的に証明されている。しかし、われわれは自分がそのような生物学的なDNAを体内に持っていることをあまり「実感」してはいない。本当のことをいえば、それを単に知識として理解しているだけだ。

一方、科学は人間に魂というものが存在することを客観的に証明することはできない。だが、われわれは書物や映画や音楽などに夢中になり、深く感動したときに、自分の体のなかで魂が揺れ動いていることを「実感」することがある。たとえ顕微鏡《けんびきょう》でそれを観察することはできなくとも、魂の動きをわれわれのなかに実感することが「ある」のだ。

科学的に存在を証明されているものは必ずしも実感できず、それに対して科学が絶対に発見できないものの存在が実感できる。それが人間の生命というものの逆説的なところだ。そこに目を向けず、ただひたすら科学の水準だけで「食」の問題を語っているかぎり、いまの「食育」はいずれ行き詰まるのではないかと思う。

「いただきます」、「ごちそうさま」という言葉だけでは足りない

現在の食育に関するもうひとつの不満は、食べ物の中身ばかりが語られていて、食事にまつわる身体作法が置き去りにされているということだ。さすがに「いただきます」、「ごちそうさま」という言葉の面での作法は以前よりも重視されるようになったようだが、その際に両手を合わせるという基本的な動作についてまでは誰も言おうとしない。これも、宗教臭への嫌悪、そして政教分離の原則に反するといういつもながらの屁理屈によるものだろう。

しかし人間の食事というのは、自動車にガソリンを入れるのとは訳が違う。自分を生かすためにほかの生き物を殺して食うという、何ともしがたい「原罪《げんざい》」を背負った行為だ。それを完全に宗教的なものと分離できると考えるところからおかしくなる。合理主義だけでは割り切れない行為だからこそ、われわれは食われる命に対して「いただきます」、「ごちそうさま」といわなければ何となく気持ちが落ち着かないのではないだろうか。ならば、そこでしっかり合掌《がっしょう》して感謝の気持ちをあらわしたほうが、心も落ち着くというものではないか。

それに、この「合掌」という所作は、食事中の身体作法とも深く関わっているというのが私の考えだ。それは、どういうことか。

ここで、話はまた永平寺の体験に戻る。私が坐禅の手ほどきを受けたとき、食堂《じきどう》の静けさに驚かされたということは、前にも述べた。では、なぜ永平寺の雲水たちは一切の音を立てずに食事をすることができるのか。

私も見よう見まねでやってみたが、汁をすする音や沢庵をかじる音を立てないのは、その気になって神経を集中すれば、すぐにできるようになる。味噌汁は、「飲む」のではなく「噛む」ように食べればいい。ドイツでもスープは「飲む（トリンケン）」ものではなく「食べる（エッセン）」ものだというから、これは世界共通の食事作法なのだろう。沢庵も、慌ててかじるからポリポリと音を立てるのであって、ゆっくり噛み砕いてから飲み下せば、音はしない。要するに、食べ物をじっくり味わうことを心掛けていれば、それだけで食事はかなり静かなものになる。

しかし、口元の音を抑えるだけでは、あの完璧なまでの静寂は生まれない。それ以外に、食器をお膳から上げ下げするときに生じる「コトッ」、「カタッ」という音がある。これを立てずに食事をするのは、非常に難しかった。どんなに神経を集中しても、器をお膳に置けば、どうしても音が立ってしまう。緊張して手元が狂い、つい「ガチャン！」と食堂中に鳴り響くような音を立ててしまう。そんなときなど、思わず両耳を覆《おお》いたくなるほどだった。

逆にいうと、その程度の雑音が「大音響」に聞こえてしまうぐらい、永平寺の食堂は静かなのである。カチャカチャと耳障りな音を立てている私に対して、雲水たちのお膳からはまったく器の触れ合う音が聞こえてこない。たしかに食器を上げ下げしているのに、音は完全に消えているのだ。自分の目と耳を疑いたくなるような気分であった。

永平寺の食事における「身体作法」に込められた意味

だが、その動きを観察しているうちに、やがて理由がわかってきた。雲水たちは、食器の上げ下げをするとき、必ず両手を添えていたのだ。碗《わん》や皿を、決して片手で扱おうとしない。一口食べては両手でその器を静かにおき、また別の器を両手で持ち上げている。その往復運動は、見ていて快いリズムを感じるほど美しかった。

それに対して私のほうは、食器を片手で扱う習慣が身についてしまっている。おそらく、ほとんどの人がそうだろう。片手にごはん茶碗を持ったまま、おかずの皿に箸を伸ばすというスタイルが一般的だと思う。そして片手で茶碗を置き、味噌汁の碗を片手で持ち上げる。右手は常に箸を持ったままで、食器には添えられない形になっている。この食べ方では、音を立てずに器を上げ下げするのはまず至難《しなん》の業《わざ》なのだ。

われわれは慌ただしい日常生活のなかで、そういう粗雑な身体作法を当たり前のものにしてきてしまった。しかし、粗雑な所作で食事をしたのでは、それによって作られる身体も粗雑なものになりかねない。

心もまた同様である。心を落ち着けて穏やかに食事をしようと思ったら、雲水たちの身体作法を見習うべきだろう。両手を添えたシンメトリカルな動作からは、単に必要な栄養を摂取しているのではなく、食べ物を謙虚に受け入れ、ありがたく味わっているという気持ちが伝わってくる。

そこで私は思ったのだ。器に両手を添えるという身体作法が、その無限の繰り返しのなかで、いつのまにか「合掌」という所作に結晶することになったのではないだろうか、と。食事の前後に合掌するのは、この身体作法と決して無縁なものではないに違いない。かくのごとく、身体の動きというものは、われわれの精神性と深く結びついているのである。

第四章

うつになる人、ならない人

——「親子関係、人間関係」でつまずかない

身体動作を伴わない「挨拶」が、人間関係を不安定にしている

本書の冒頭で、現代の「うつ」はその多くが正体不明の「もののけ」のようなものだと述べた。さまざまなストレスが複雑にからまり合っているので、うつの原因を特定することが容易ではないのだ。

とはいえ、その多くが人間関係のストレスに起因していることも、まず間違いのないところであろう。たしかに、現代社会は人間関係そのものが単純ではないので、その人の心を抑圧しているものが何であるのかは、必ずしも明確ではないかもしれない。

しかし、それが複雑に錯綜《さくそう》しているからこそ、それぞれの人々の周囲を網の目のように覆っている人間関係の総体が、現代人には大きな重荷となってのしかかっているように私には見える。実際、相手が誰であれ「人づき合い」そのものに漠然とした不安を抱え、ストレスを感じている人も多いのではないだろうか。

だとすれば、前章で述べたような身体作法も、うつの予防には有効だろう。人間の所作というのは、自分自身の心を左右するだけでなく、周囲の人々に対するメッセージにもなっているものだからだ。

人間の「背中」が多くを語っていることはすでに述べたが、身体が「物をいう」のはそれだけではない。たとえば姿勢を正して坐っている人と、だらしない姿勢で背中を丸めている人とでは、それだけで周囲が感じる印象が異なる。どちらが日常的な人間関係を良好なものにするかは、いうまでもないだろう。

つまり、たとえ「言葉」を介在させなくとも、そこでは人間同士のコミュニケーションが十分に成立しているということだ。いまの日本で、無意味で騒がしい言葉の氾濫が人の心を乱しているのだとすれば、なおさらわれわれは身体的な「無言のコミュニケーション」を大事にし、再評価したほうがいい。

とくに私が大切だと思うのは、人間関係の基本である「挨拶」における身体作法である。もちろん、挨拶には「こんにちは」、「さようなら」といった言葉が欠かせない。だが、過剰な言葉に満たされている社会のなかで、人々は挨拶の作法を言葉だけに頼りすぎてはいないだろうか。

事実、いまはインターネットのメールだけで用件を済ませる人が多い。そこで交わされる挨拶は、当然ながら「言葉」によるものだけである。肉声も聞こえなければ、手書きの文字でもないので、そこからは相手の身体性がまったく伝わってこない。
それに慣れきっている人も多いだろうが、実はそこで多大なストレスが生じているような気がするのは私だけではないだろう。無味乾燥《むみかんそう》なデジタルデータからは、相手の感情、本音、体調といったものが見えてはこないからだ。そのため、友好的に見える言葉の裏側に何かネガティブな感情が隠されているのではないかと疑心暗鬼《ぎしんあんき》になってしまうのである。

また、とくに若い世代の人々を見ていると、相手と顔を合わせているときでも、挨拶に身体の動きが伴っていないことが多い。親しい相手なら会ったときにちょっと手を挙げる、目上の相手ならしっかりと頭を下げるといった身体作法が、ほとんど身についていないのだ。平板な声で言葉を発するだけで、表情にもあまり変化がない。

こうした身体性を欠いた挨拶が、人間関係を不安に満ちたものにし、現代社会にうつという「もののけ」の跋扈《ばっこ》を許しているひとつの要因であるように、私には感じられる。空疎《くうそ》な言葉だけを投げ合うのでなく、そこに情や生命力のこもった身体動作を加えることで、人と人との関係に安定感を与えることができるのではないだろうか。

そして、挨拶における身体作法のなかでもとりわけ重要なのは、やはり「表情」である。「こんにちは」、「いつもお世話になっております」といった言葉は同じでも、そこに笑顔が添えられているかどうかで、相手に伝わるニュアンスはまったく違ったものになるだろう。挨拶では誰もが同じような決まり文句を使うからこそ、それを意味のある豊かなコミュニケーションにするためには、表情をはじめとする、人それぞれの身体性が必要になるのだ。

人間関係に疲れて、ちょっと気分が落ち込んでいるときほど、人と会ったときには「表情」や「動作」に気をつけたほうがいい。軽い笑みを浮かべて、きびきびと頭を下げたり軽やかに手を振ったりすれば、それだけでずいぶん人づき合いが楽になるものである。

比較地獄——他人との「比較」から、地獄が始まる

ところで、人間関係上の不安や悩みというのは、周囲からの漠然とした抑圧感によって生じるものばかりではない。自分自身のなかに嫉妬《しっと》や怨念《おんねん》といった他人に対する

ネガティブな感情が渦巻き、それが強いストレスとなって、うつの原因となることもある。解消されることのない不満が心のなかに積もり積もって、やがて自分を押し潰してしまうのだ。もしかすると、これがもっとも人間の心を苦しめるものかもしれない。人間関係をめぐる犯罪なども、その鬱積《うっせき》した感情が暴発することによって起きるのではないだろうか。

こうしたストレスの最大の原因は、実をいうとはっきりした輪郭をもっている。それは、自分と他人を「比較」するということだ。あらゆる不満は、「比較」することから生じるといっても過言ではない。

たとえば「一生懸命に努力しているのに評価されない」という不満を抱いている人は、「評価されている他人」と自分を比較している。「給料が安い」とボヤいている人も、「自分には才能がない」と弱音を吐いている人も、その基準は「他人」の給料や才能を前提にしていっている。貧しさを嘆く人はお金持ちと自分を、病気で苦しんでいる人は健康な人と自分を比較することで、不満と不安を募《つの》らせているということだ。

このように、人間が自分を「不幸だ」と感じるとき、それは決して絶対的な不幸についているのではない。ほとんどが「幸福な他人」との比較による相対的な「不幸」についていっている。そのため私は以前から、人間の地獄は他人との比較から始まると考えてきた。もちろん私自身、とくに若い頃はこの「比較地獄」に嵌《はま》って苦悩したものだ。

しかし、自分と他人の幸福度を比較することに、果たしてどれだけの意味があるだろうか。本来、比較というのは、「物」と「物」との優劣を判断するための手段である。たとえばテレビやパソコンのような商品を買う場合、誰でも各メーカーの価格や性能を比較するだろう。性能がまったく同じなら価格が安いほうを買うし、価格が同じなら性能が優れているほうを買うわけだ。

こうした判断に意味があるのは、条件を揃えて比較できるからだろう。価格という条件を揃えれば性能が比較できるし、性能が同程度なら価格を比較することに意味がある。価格が大幅に違うのに「こっちのほうが画面が大きい」とか「こっちは処理速度が遅い」などと性能を比較しても、どちらを買うべきかという判断材料にはならない。条件を揃えられるから、物と物の優劣を比較することが可能になるのだ。

それに対して、人間はどうか。

たしかに試験の点数や偏差値、年収や貯蓄額、住んでいる家の広さ、あるいは血圧や血糖値といった数字を他人と比較することはできるだろう。しかし、そこでその数字以外の条件が揃っていることはあり得ない。人間は工場で生産されているわけではないから、生育環境、潜在能力、体質といった所与《しょよ》の条件が人それぞれ違う。どの人も、他人とは異なる人生を送りながら、他人とは異なるものを身につけてきたのだ。

そんな人間同士を、ひとつの数字で比較して優劣を判断することに、大した意味はない。人生観や幸福観もそれぞれ違うのだから、それを比較するのは、作られた目的が異なる商品を比較するのと同じようなことだ。「テレビとパソコンはどちらが優秀か」と考えても、まったく意味はないのである。

「縦」の人間関係を否定してしまった、戦後日本社会

ところが人間は、つい自分と他人を比較して一喜一憂《いっきいちゆう》してしまう。個人だけではない。日本人全体がそうだ。この国の人々は昔から、自分たちと西欧を比較しては「や

はり日本はダメだ」と劣等感に苛まれ、アジア諸国と比較しては「やはり日本はすばらしい」と優越感に浸るということを繰り返してきた。

おそらく、そうやって何でも比較しないと気が済まないのが、日本人の国民性なのだろう。たとえば学問の世界でも「比較○○学」と名のつく分野を手がける学者がとても多い。テレビや雑誌でも、「東京と大阪の違い」とか「男と女の違い」など、何かを比較する企画をしばしば見かける。

私が大学に勤務していたときは、教授会で制度改革などの議論をするたびに、「東大ではどうしているのか」、「京大はこうしているらしい」といった発言が聞かれたものだ。たぶん東大や京大では、「オックスフォードやハーバードではどうしているのか」を気にしているに違いない。大企業や役所なども、その発想に大差はないだろう。

しかし、他人との比較には際限がない。自分の幸福度を他人と比べているかぎり、決して不満がなくなることはないだろう。隣の家より高級な自動車を買ったとしても、さらにその隣の家は同じような自動車を二台持っているかもしれない。いくら年収が増えても、上には上がいる。嫉妬心や不満は無限に続くわけだ。だからこそ、比較は

「地獄」へ向かう道なのである。

では、この「比較地獄」から脱出するにはどうすればよいか。私はそのために、人間関係の成り立ち方そのものを見直すべきだと考えている。いささか抽象的ないい方になってしまうが、「横」に広がっている人間関係に「縦」の軸を持ち込むことが、自分と他人を比較せずに生きていくのに必要だと思うのだ。

戦後の日本社会は、いわゆる平等主義が広まったことによって、人間と人間のつながりをすべて「水平」にすることに、きわめて熱心に取り組んできたといえるだろう。そういう教育が世の中に深く浸透した結果、いまは人間に「上下」の関係があることを感覚的に嫌う人が多い。

そのため、親と子、教師と生徒、上司と部下など、本来は「縦」の関係であるものを、いつのまにか「同じ人間同士」という「横」の軸を中心に考えてしまう習慣がついてしまった。垂直軸を水平軸のイメージで捉えるようになったということだ。だから、子供や生徒と友達のようにつき合う親や教師が大量に発生して、上から頭ごなしに叱りつけたりする大人は「子供の人格を認めていない」などと批判されることになった。

もちろん私も、人間とはそもそも生まれながらに平等だ、という考え方に異を唱えるつもりはない。しかし、だからといって人間関係をすべて「水平軸」で捉えるのが健全だとも思えない。どんな人間も対等な権利は持っているが、その立場は決して対等ではない。当然、それぞれの力量や経験には差があるし、社会で果たすべき役割にも違いがある。それを無理やり「横」に並べて、「同じ人間同士として対等につき合え」などといえば、どこかに歪みが生じるのが当たり前だ。

「比較地獄」から抜け出す方法

たとえば最近、電話相談の専門家から聞いたことなのだが、自分の不倫の悩みを実の娘に相談する母親がいるのだという。いま私は書き間違えたわけではない。「娘が母親に」ではなく、「母親が娘に」だ。親子関係が、完全に逆転し、「仲間意識」で結びついているのである。決して、子供の心に良い影響は与えないだろう。

学校でも、教師が生徒の友達のように振る舞う「仲良しクラス」ほど学級崩壊を起こす危険性が高いという調査があった。いずれにしろ、「水平」の結びつきしか経験させない人間関係は、すぐにも壊れやすいということではないだろうか。

それに、「みんな同じ人間だ」といわれて「横」の人間関係ばかり築こうとしていると、逆に「小さな差」が目立つようになる。自分が他人と「同じ人間」かどうかということが気になって仕方がなくなる。これが「比較地獄」の始まりだ。四六時中、「横」のラインばかり見ているから、自分と他人とのあいだのでこぼこばかりを比べてしまうのである。

そこから抜け出すには、人間関係に「縦」のラインを作るしかない。より具体的な言葉でいえば、それは「師匠」を持つということである。

職人や芸事《げいごと》の世界はもちろん、学問の分野でも、昔は師弟関係というものがきわめて重要な機能を果たしていた。師匠が弟子を一人前になるまで鍛えて育て上げ、やがて次の代もその弟子が師匠となり、新たな弟子を教育する。そういう「垂直」の軸がしっかりと立っていたから、人は謙虚になることができた。「横」との比較によって自分の位置を知るのではなく、師匠との距離という「縦」のラインのなかで、自分の到達度を見極めていたのだ。

たとえ「水平」の関係にある同じ弟子同士の競争に勝ったとしても、そこにはさしたる価値はない。師匠の境地に追いつき追い越せるかどうかということが、究極的には最大のテーマになる。そして自分が師匠の立場になったときは、こんどは弟子との「縦」の関係が主軸となる。いずれにしても、そこに「比較地獄」は成り立たない、成り立つ余地がないのである。

親子関係も同じことである。子供は親に追いつき追い越すことを目指して自分を磨き、一人前になったところで、こんどは自分が親となるわけだ。

そういう広い意味での「師弟関係」を、戦後の日本は否定してきた。少なくとも軽視してきた。それは、宗教に対する否定的な感覚とも結びついている。

なぜなら、そもそも垂直の人間関係によって伝達されるのは、長い歴史のなかで蓄積されてきた伝統的な知恵のようなものだからである。では、その知恵は誰が最初にもたらしたのか。師匠の師匠のそのまた師匠……という具合に時代を遡《さかのぼ》っていくと、その源泉に人の姿はない。

そこで待っているのは、神や仏といった人間を超越した存在である。つまり、われわれ人間をつなぐ「垂直軸」をはるか上方まで伸ばしていくと、その彼方には超世俗的というか、宗教的な世界が広がっているわけだ。そういう存在に対する信仰心がなければ、「垂直」の人間関係の強い軸は形成されない。戦後の時代は、そういう考え方自体を否定してきたのである。

しかし、「水平」の人間関係がこれほど壊れやすく、不安に満ちたものになってしまった以上、それを立て直すにはここでもう一度「垂直」の軸を持ち出してくる以外にないだろう。平面上の座標軸がX軸とY軸によって決まるのと同じように、人間が自分の位置をしっかりと把握するには「縦」と「横」の人間関係を構築することが必要だ。そこではじめて自分自身の座標軸が定まるはずだ。そうすれば他人との比較に一喜一憂することもなくなるはずである。

「対面型」の人間関係から、「同伴型」の人間関係へ

さらにいえば、この「垂直軸」の先にある超越的な存在は、必ずしも宗教的なもの

とはかぎらない。たとえば昔の日本人にとって、その頂点にあるのは「お天道様《てんとさま》」だった。無論、そこにも太陽信仰のような宗教的感覚がないわけではないが、空の太陽に象徴される「自然」もまた、人間を超越した知恵の源泉として見ることができるのである。

そういうものとして自然を仰ぎ見ることも、われわれ人間が「比較地獄」を脱して心の平穏を取り戻す上では必要なことだろう。はるか頭上に輝くお天道様との距離に比べたら、隣にいる他人との差などどちっぽけなものだ。自然の大きさと豊かさを思えば、自分と他人を比較することで抱いていた不満などたちまち消え去り、うつも晴れるのではないだろうか。

それに、師と仰ぐほどの人物と巡り合うのはそう簡単なことではないが、自然は、それを見ようと思えばいつでもわれわれの目の前にある。「水平」の人間関係に疲れて「垂直軸」に頼りたくなったら、自然と触れ合える場所へ足を運べばいい。それが疲れた人間にとって、何よりの慰めのカウンセリングになると思う。

最近は臨床心理士などの資格を持つ人が増え、心を病んだ人々が専門家のカウンセリングを受けるケースも珍しいものではなくなった。私も、それにまったく意味がないとはいわない。プロに話を聞いてもらうことで心が楽になり、救われる人も多いことだろう。

ただ、他面でそういう対面型のコミュニケーションにも限界があることもたしかだと思う。それもまた「横」の人間関係の延長線上にあるものだからだ。「同じ人間同士」という水平のラインで話をしているかぎり、人間関係はどこまでいっても安定しない。いずれ垂直のラインが必要になってくるにちがいないからだ。

その垂直軸を持ち込むために、まず「対面型」の関係を「同伴型」に変えてみることがあってもいいのではないだろうか。クライアントとカウンセラーが向かい合って話をするのではなく、肩を並べて同じ方向を向く。その視線の先に人間を超越する自然が広がっていれば、その末広がりの垂直軸によって安定感がもたらされることがあるからである。

こうした関わり方の変化は、もちろんクライアントとカウンセラーの関係だけに求められるものではないだろう。夫や妻、あるいは友人との関係も、いつも対面していたのでは安定しないということだ。ときには言葉を脇に置き、黙って自然と対面する時間を作ることも大切だ。そういう同伴型人間関係こそが、「パートナーシップ」というものを支える本来のあり方だと思う。

また、さほど深刻なうつ状態に陥っていない人の場合は、同伴者なしで自然と対面する機会を多くすることを心掛けたほうがいい。それは、うつになってしまった状態をさらに悪化させないための予防演習のようなものである。うつとは、精神的に「ひとり」になることにほかならない。誰とも会いたくなくなり、「ひとり」にならざるを得ないのが、うつというものだ。

ところが、いまは「ひとり」でいることに耐えられない人が多い時代であるということは前にも書いた。もともと日本人は、どこの観光地に行ってもぞろぞろと集団で行動する傾向があるが、最近はそれがますます強まっているように見える。かつて女子大で教えていたときも、ほとんどの学生が「ひとり」で行動することに大変な不安を感じていた。さりとて、集団行動を喜んで受け入れているわけでもない。むしろ何十人ものグループで一緒に活動するのを嫌がる、そしてひとりにもなりたくないということをあからさまにいう。面白いのは、それで三人ぐらいの決まったメンバーで行動するのが、いちばん気持ちが安定するのだという。女子大生にかぎらず、それがいまの若者たちに多いメンタリティではないだろうか。

だからこそ、自分を鍛えるために、あえて「ひとり」になる時間を持つべきだと思う。これまで私が勧めてきた坐禅や散歩も、まさに「ひとり」になる行為だった。日常的に「ひとり」で自然や宇宙と向き合い、自分という存在を縦に貫《つらぬ》く垂直軸を意識してひとりになる。そうなることに慣れていけば、自然にうつは怖くなるだろう。ひとりで山に登り、海を眺め、川のほとりにたたずむことに慣れていけば、いざというとき、その自然治癒力がフルに蘇《よみがえ》って、それこそ自然体に戻ることができるのである。

自然と「ひとり」で向き合うことが、最高の薬となる

自然と触れ合うといっても、そんなに大袈裟《おおげさ》なことをする必要はない。都市化や近代化が進んでいるとはいっても、日本はまだまだ豊かな自然に恵まれている国だ。ち

ょっと足を伸ばせば、すぐに天然の「神々」と出会うことができるのである。そのなかでも、とくに私がふだんから心掛けているのは、次の三つだ。

(1)庭にたたずむ

ひとつは、庭にたたずむこと。これは自宅の庭先でもいいし、寺などにしつらえられた庭園でもいいだろう。日本の自然を象徴的に美しく洗練したのが、庭の世界である。小さくとも、そこには自然のエッセンスが詰まっている。

私の場合は京都に住んでいるので、それこそ散歩のついでに数々の美しい庭園に立ち寄ることができる。よく足を運ぶのが、金閣《きんかく》寺だ。金閣寺といえば華麗きわまりない人工物として建築物の印象が強いが、あの壮麗な美しさは周囲の庭や自然がなければそもそも成り立たない。

竜安寺《りようあんじ》の石庭を思わせるような鏡湖池《きようこち》、山荘を取り巻く樹海《じゆかい》、そういった大いなる自然があって初めて、金閣寺という文化財の持つ芸術性が発揮されるのである。ギラギラした建物がそこにあるからこそ、それとの対比によって自然の豊かさが際立つのだといえるだろう。その意味では、都会の片隅に作られた小さな緑地帯のような場所でも、自然と触れ合うことは十分できるに違いない。

(2)河原《かわら》で風に吹かれる――宮沢賢治《みやざわけんじ》体験

二番目は、河原で風に吹かれることだ。川の流れを眺めながら、その川面を渡る風に頬《ほお》をさらす。これは実に心地よい。

私はそれを「宮沢賢治体験」と呼んでいる。宮沢賢治の描く世界は「風」と切っても切れない関係にあるし、『風の又三郎《まささぶろう》』にしろ『銀河鉄道《ぎんがてつどう》の夜』にしろ、重要な場面では必ずといっていいほど川の流れが登場し、そこに風が吹いている。

やはり、それが日本人にとって何か特別な意味合いを持っているからだろう。実際、鴨長明《かものちょうめい》の『方丈記《ほうじょうき》』から美空《みそら》ひばりの『川の流れのように』にいたるまで、日本には「川」を愛《め》で「川」によって育《はぐく》まれた文化が脈々と流れている。

宮沢賢治体験

たまには河原で風に吹かれよう（熊野川夕景）

(3)山道を歩く——良寛体験

そして三番目が、山道を歩くこと。列島の七割を占める山岳というのは、日本人にとって自然そのものを象徴する存在だといえるだろう。

河原にたたずむのが「宮沢賢治体験」だとしたら、こちらは「良寛体験」とでも呼べばいいだろうか。死ぬまで自分の寺を持たず、諸国を巡り歩きながら山中に庵《いおり》を結んでいる。そのような山歩きの生活のなかで庶民に仏法を説き、和歌や俳句を詠《よ》んだのが良寛だ。

山を歩くと、泉が湧き出るように詩が生まれる。俳句を作りながら旅に生涯を終えたという意味では、それはまた「芭蕉体験」といってもいいだろう。

大地に伏す、大地で仰向けになる

ともあれ、「庭にたたずむ」、「河原で風に吹かれる」、「山道を歩く」というのが、われわれ日本人の自然とのつき合い方の基本だと私は思う。

もちろん、それだけにかぎられるものではない。たとえば、夜に部屋の窓を開けて月を眺める。道端に咲く花を、足を止めて眺める。たまには、お天道様に顔を向け手を合わせてもいいだろう。

まだある。これはあまりやる人がいないが、「大地に伏す」というのも、適当な場所と機会があったら、やってみることをお勧めする。これは、宗教の世界でも重要視されることの多い行為だ。

たとえばローマ法王が外国を訪問した際、飛行機のタラップを降りてから最初にやるのがこれである。地面にひざまずき、大地に接吻《せっぷん》する姿をテレビで見た人も多いだろう。「垂直軸」の頂点にいる自然や神を崇める象徴的な行為なのだ。

私もチベットのラサで、寺院の前庭に身を倒して五体投地《ごたいとうち》なる礼拝行を、見よう見まねでやったことがある。あのときの何とも不思議な体験は忘れることができない。

そういえば宮沢賢治の『銀河鉄道の夜』にも、ジョバンニが丘の上で仰向けに寝転がったときに、遠くから汽車の音が聞こえてくるという印象的な場面があった。「大地に伏す」ことが大自然を抱きしめる行為だとすれば、「大地で仰向けになる」行為は大自然に対して無防備に全身をさらすような運動だといえるだろう。

どちらも、実際にやってみると、天上から地底まで突き抜けていく壮大な「垂直軸」の存在を痛いほど感じられるはずだ。その体験ほど、人の心を強くするものはない。「横」の人間関係のなかで芽生えた不安や不満など、どこかに吹っ飛んでしまうと思う。うつの予防法として、これに優《まさ》るものはないような気がする。

第五章

夜の作法を身につける

——「眠れない人」のための、夜とのつき合い方指南

さあ死んでこよう——そう呟《つぶや》いて眠りにつく

私の場合、毎日、早朝の三時か四時に起床して坐禅を組んでいるが、そのために寝不足になるということはほとんどない。床《とこ》に就《つ》くのは九時だから、睡眠時間は六時間から七時間。その間たとえぐっすり眠っていなくても、それで十分である。小一時間の坐禅を終えたあとは、むしろすっきりと目が覚める。そのまますぐ仕事に取りかかることができる。

しかし早朝坐禅を始める前、とくにうつ状態に陥っていた頃は、本当に眠れぬ夜が多かった。いまなら坐禅の最中に浮かぶ雑念妄想の類が、寝床に入ってから頭のなかで渦巻《うずま》く。それも、ネガティブな考えばかりが次から次へと襲ってくる。それから逃げるために「早く眠ろう」と思えば思うほど、気ばかり焦って眠れない。それで寝不足の意識ばかりが高まり、朝からぼんやりしたまま、覇気《はき》のない一日を過ごす。

いまも、そんな夜を送っている人は多いだろう。「うつの時代」は「寝不足の時代」でもある。事実、寝つきの悪い人ほどうつになる確率が高いというデータもあった。寝不足だからうつになり、うつだからますます寝不足になるという悪循環が、意識の空回りのなかではじまる。

「睡眠障害」という診断を受ける人も増えているという。なかなか寝付くことができず、ちょっと眠ったかと思うとすぐに目が覚めてしまい、いったん目が覚めるともう眠れない。家族が寝静まっているなか、暗闇でひとり悶々《もんもん》と過ごす時間ほど不安に苛まれるものはないだろう。

そもそも夜というのは誰もが「ひとり」になる時間だから、心が健康な人であっても、ある程度の不安を感じるものだ。その時間を雑念妄想に支配されて過ごすのはつらい。心にダメージを受けるだけでなく、貴重な休養を奪われた肉体にも多大なストレスがかかるだろう。不眠ほど心身の健康を害するものはないのである。

では、どうしたらよいのか。

もちろん、医師に睡眠導入剤などを処方された人は、それを服用すればとりあえず眠ることはできるだろう。ただ、それは決して健康な眠りではない。薬で睡眠を得ても、翌日は頭がぼんやりして活発な行動にでることができない。

とはいえ、睡眠薬以外に不眠を解消する「特効薬」がないのもまた事実だ。しかし、ここでよく考えてみよう。すると自分を眠りに誘うための考え方のヒントがまったくないわけではない。よく、眠れないことで悩んでいる人に対して「寝不足で死んだ人はいないから大丈夫だよ」といって安心させようとする人がいるが、私はむしろその逆をいくほうがよいと思っている。

「さあ、死んでこよう」――。

そう思って、寝床に入るのである。私自身、いつもそうしている。

眠れない人というのは、毎晩、不安と戦っているのである。そして、人間にとって最大の不安は、いうまでもなく「死」だ。

だとすれば、死ぬことさえ覚悟してしまえば、それ以上の不安に苛まれることはない。だから、「これから死ぬぞ」と思い定めれば、余計なことを考えずに眠りにつくことができる。妙な理屈かもしれないが、私はそんなふうに思っているのである。死に向かって自己暗示をかけるということだ。「死ぬことはないから心配するな」といわれると、かえって「死にたくない」という意識が働いて、不安が増幅してしまうのではないだろうか。

一日を「四つの時間」に区切って生活する

そもそも、私が毎晩「さあ、死んでこよう」と思って床に就くのは、人間は毎日「死」と「再生」を繰り返しているという考え方に、あるとき気がついたからだった。夜になっても昼間の悩みや不安をだらだらと引きずって不眠に陥っている人は、生活のなかにそういうメリハリをつける工夫をすると思わぬ効き目がでてくるかもしれない。

私の場合、勤めに出ていた現役時代は、メリハリをつけるために、一日を意識の上で次のような「四つの時間」に区切って生活することにしていた。

(1)デカルトの時間

第一の時間は、早朝坐禅と読書や執筆などに充てる出勤前だ。これが「デカルトの時間」であることは、前述したとおりである。

当初は坐禅によって無念無想の境地に達することを夢想していたが、凡人の勝手禅ではそこまではとても望めそうにない。しかし、雑念妄想と戯《たわむ》れることをそのまま受け容れ、そこにも意味があると気づいて以来、雑念妄想を積極的に楽しむことにした。

(2) イエスの時間

第二の時間は、朝食をとって出勤してから昼食まで。私はそれを「イエスの時間」もしくは「ゴルゴタの時間」と呼ぶことにしていた。

というのも、勤め人にとっての午前中というのは、あたかも重い十字架を背負って坂道を登っているかのごとき気分になる時間帯だからだ。会社で管理職的な立場にある人間もそうだと思うが、出勤するやいなや、毎日、四方八方から事務的な仕事が押し寄せてくる。書類の束を抱えて廊下を走り回ることもしばしばだった。

誰かに書類を届ければ、そこで別の用件が発生して、それを処理するためにまたほかの部屋へと渡り歩かなければいけない。さらに、大きな会議から小さなミーティングまで、さまざまな会合の予定が詰まっている。

本当に必要な話し合いなのかどうか疑問に思いながらも、とりあえず顔を出さなければいけない。そして、あちらこちらで冷や汗をかきながら弁解をし、ときには偉い人に小言をいわれながら懸案《けんあん》を右から左へと片づけていく。片づかない場合もある。想定外の事態が起きて目を白黒させることも日常茶飯事《さはんじ》だ。

そうやって次から次へと押し寄せる仕事のなかを泳いでいると、徐々に背中の荷物が重みを増し、ほとんど這いつくばって移動しているような状態になる。疲労困憊である。しかし、そんなとき私はゴルゴタの丘を登るイエスの姿に思いを馳せる。

「神よ、なんぞわれを見捨て給《たも》う……」

そんなふうに自虐《じぎやく》的な言葉を呟いてみると、不思議なことに、それまで毛羽立《けばだ》っていた神経が鎮まっていくように感じたものだ。

(3)ブッダの時間

悪戦苦闘ののちに昼休みを迎え、食堂で腹ごしらえをすると、ようやくホッとひと息つくことができる。ここからが、第三の時間だ。

なにしろ早朝から起きて、デカルトになったりイエスになったりしているものだから、昼食を済ませると猛烈な眠気が襲ってくる。自然と瞼が下がり、感覚器官が弛緩《しかん》したような状態だ。思考能力も、ほとんど働かない。しばし自分の部屋にこもって、うたた寝することも多かった。

もちろん、午後も会議があったりするのだが、もう小難しい議論には頭がついていかない。人と会っていても、いつの間にかゆらゆらと舟を漕《こ》いでいる。相手の言葉のはしばしは耳に入っているのだが、「これは夢かうつつか幻か」とでもいうような調子で、現実と妄想の境界がはっきりしない。

それでも滞りなく無難に仕事が進んでいるから不思議だ。午前中の「イエスの時間」からは一転して、そこには法悦《ほうえつ》のなかに漂っているかのごとき、神秘的な浮揚《ふよう》感さえある。早朝の坐禅とはまたひと味違う、心地よい瞑想のひとときだ。これが私にとっては、「ブッダの時間」である。

(4)涅槃の時間

そのまま仕事を終えて帰宅すると、もはや足元さえおぼつかないほどくたびれている。物を考えたり本を読んだりする気力も湧かない。晩酌《ばんしゃく》をしながら、漫然とテレビでナイター中継など眺めて過ごすばかりだ。やがて酒もまわり、野球の試合も終わらないうちに、トロトロと前後不覚の状態に落ちていく。第四の時間が訪れたのだ。

これが、一日を締めくくる「涅槃の時間」である。デカルトから始まって、イエスの時間もブッダの時間も済ませた。もう、人生に一度しかない今日という日に思い残すことはない。私は、十分に「生きた」のだ。

だから私は「さあ、死んでくるか」と呟いて布団にもぐり込む。すぐに熟睡のなかに溶けてゆき、途中で「生き返る」ことはない。そして翌朝、生まれ変わった私は線香に火をつけて坐り、再びデカルトになって雑念とたわむれるのだ。

もちろん、人のライフスタイルはさまざまだから、誰もが私と同じようなサイクルでいつでもメリハリをつけられるとは思わない。大事なのは、朝から晩までダラダラと同じ気分で過ごさず、自分がいまデカルトなのか、イエスなのか、ブッダなのかということを意識し、それぞれのステージでその役割を受け容れることだろう。どっちつかずの気持ちで中途半端に時間をやり過ごすのが、一番いけない。

やがて「涅槃の時間」がやって来ると思えば、その日のうちにあらゆることを全力で片づけておこうという気持ちにもなる。そこで得た達成感と疲労感が、夜の安らかな「死」をもたらすのだ。

実際、熟睡している人間の顔というのは、デスマスクを思わせるほど不気味な表情を見せているものである。女性や子供の寝顔が可愛らしく見えるのは、その眠りが浅いときだけだ。本当に深く眠っている人間の顔を見れば、それが「涅槃の時間」であることがわかるだろう。

われわれ人間は日々、死ぬために生き、再び生きるために死ぬ。それを淡々と繰り返すのが人生だ。そう思えば、不安な夜もなくなるのではないだろうか。

「短調《たんちょう》の音楽」が、人の悲しみを癒す

また、眠れない夜は音楽に頼るのもひとつの方法だろう。音楽が人の心をやわらげ、眠りに誘う効果を持っていることは、洋の東西を問わず「子守唄」というものがある

ことを考えても明らかである。

ただし近頃の日本では、あまり子守唄が聞こえてこない。それどころか、二〇年ほど前には、赤ん坊が子守唄に拒否反応を示したという話が伝えられ、大きな反響を呼んだこともあった。昔ながらの日本の子守唄を聴かされた赤ん坊が、むずかってまったく眠る気配を見せなかったというのだ。

なぜ、そんなことになったのか。その原因は判然としなかったが、当時、それについて興味深い指摘があったのを覚えている。その頃テレビで流れていたコマーシャル・ソングに「短調」の曲がひとつもなかった、というのである。

いつの間にか日本社会が「短調排除」の時代を迎えていたのだとすれば、赤ん坊が子守唄を拒否するのもわからないではない。日本の子守唄というのは、大半が短調で作られているからだ。生まれたときから「長調」に支配されたテレビの音ばかり聴かされていれば、聞き慣れぬ哀調《あいちょう》のメロディで眠れなくなるのも無理はないだろう。

本当にそれが原因だったのかどうかは、定かではない。しかし、世の中に流れている音楽から短調が減っていることが事実だとすれば、それも現代人のうつを促すひとつの要因になっているのではないかと思う。悲傷のメロディには、人間の抑圧された感情を深いところで癒す効果があるからだ。

たとえば二〇〇二年の九月十一日、アメリカでモーツァルトの『レクイエム』が演奏され、それが世界中に伝えられたことがあった。あの「9・11同時多発テロ」の一周忌《き》に行なわれたイベントである。

『レクイエム』は、モーツァルトが遺した最後の作品だ。作曲の途中で病魔に冒されたモーツァルトは、この曲を未完のまま短い生涯を終えたため、のちに彼の弟子が補筆して完成させている。そもそも死者のためのミサ曲として書かれたものである上に、作曲者自身の遺作でもあるのだから、あの事件で無念の死を遂げた人々を悼む曲として、これほどふさわしいものはない。

それに加えて、大切な家族を失った遺族の人々の心を癒すという意味でも、ニ短調で書かれたあの曲は、実にその場にふさわしいものだった。不幸に見舞われて精神的なダメージを被った人々を励ますとき、あえて快活で明るい長調の音楽を聴かせようとする人もいるだろう。しかし、それは逆効果にしかならない。人間の深い悲しみを癒すことができるのは、悲哀に満ちた短調の音楽だけだと私は思う。

もし長調の音楽が荒《すさ》んだ心を活気づけてくれるのであれば、「短調排除」の時代を迎えた日本社会にうつが蔓延することなどなかっただろう。年間三万人もの自殺者を出すこともなく、多くの人々が元気で快活な生活を送っているはずだ。

しかし現実はそうなってはいない。むしろ、物悲しい演歌やフォークソングがよく売れた時代のほうが、日本人は前向きに暮らしていたような気がする。短調が消えるにしたがって、人々の不安は逆に増大した。

長調が主流になった最新の音楽に触れる機会の多い少年少女たちが、次々と凶悪で陰惨な事件を起こすのも、そのことと深いところでつながっているのではないだろうか。子守唄だけでなく、哀調を帯びた童謡《どうよう》や学校唱歌《しょうか》も、いまの日本ではほとんど歌われなくなっている。「短調を知らない子供たち」が増えているのだ。シャンソンやエレジーに無縁な子供たちは、もしかすると人の悲しみや痛みを知らない子供になっているのかもしれない。

インドで朝まで歌った、日本の「唱歌・童謡」

昔の童謡や唱歌には、そのメロディが哀調を帯びていること以外にも、共通点がある。『故郷《ふるさと》』や『赤とんぼ』などを思い起こしてもらえばわかるとおり、大半が「自然賛美」の歌である。その意味でも、そこには人の心を癒す力があるといえるだろう。

それで思い出すのが、いまから三十数年前に、学生たちを連れてインドを旅したときのことだ。連れて行ったのは、ほぼ全員が、私が教えていた大学の二部に通う勤労学生たちだった。ただしひとりだけ、そこに一流といわれる大学の学生が含まれていた。私が学生とインドに行くことを聞いた知り合いに頼まれて、参加させることにしたのだ。

そのことに、最初から不安がなかったわけではない。見知らぬ仲間に交じって異国を旅するのは、ただでさえ心理的な負担を強いられることになる。その上、勤労学生と有名大学の秀才とでは、何かとソリの合わない部分もあるだろう。私の教え子たちは逞しい連中ばかりだったが、その秀才は見るからにひ弱な印象である。彼が二週間の貧乏旅行に耐えられるかどうか、正直なところ、私は心配だった。

そして、不安は日本から旅立つやいなや的中してしまった。インドに入国する以前に、その学生の様子がおかしくなってきたのだ。機内でスチュワーデスに話しかけた英語が通じなかったのが、そのきっかけだった。それなりに語学に自信があったので自尊心を傷つけられたのか、彼はそれから帽子を深くかぶったまま黙り込んでしまった。

カルカッタに到着し、宿泊する寺に入っても、様子は変わらない。いや、余計に悪くなっていった。いたし方なく私は彼と同じ部屋に泊まって面倒をみることにしたのだが、突如として泣き出したかと思うと、急にゲラゲラ笑ったり、次の瞬間には別人のように怒り出したりする。

「おまえ、この旅に参加したことを後悔してるだろ。俺のことが憎いんじゃないのか？」

夜、酒を飲みながらそう問いかけると、彼はこっくりと頷いた。それから問わず語りにやや激した口調で喋り始めたのだが、それは簡単に要約すると、どれも「いかに自分が優秀な人間か」という話だった。案の定、である。彼にとっては、窮地《きゅうち》に追い込まれて学歴や偏差値だけが頼みの綱《つな》になったのだろう。しかし、英語が通じなかったことでメンツを潰された。しかも旅に必要な逞しさの点では、勤労学生たちにかないそうもない。そんなストレスを不慣れなインドの地で抱え込んでしまったために、ほとんど錯乱状態に陥っていた。

おそらく、ひ弱な息子を鍛えようと思った親に無理やり行かされただけで、本人にとっては最初から気の進まない旅だったに違いない。そんな不満が爆発して、どんどん語気が荒くなっていく。こちらが何をいっても、聞く耳を持たない。

そこで私は、半ばヤケクソな気分になり、「わかった。もう話はいいから、歌でも歌おうじゃないか」と言った。そこで歌い始めたのが、昔の唱歌や童謡である。三〇代後半の私と二〇歳そこそこの学生がいっしょに歌える曲は、それぐらいしか思いつかなかったのだ。インドの寺で童謡とは、かなり常識外れな行動だが、すでにまともな心理状態ではなくなっていた彼は、大声で私といっしょに歌い始めた。

「俺が憎いなら、殴ってみろよ」

途中、私がそんな言葉をかけると、次の瞬間、ゲンコツが頬に飛んできた。メガネが吹っ飛ぶほどのパンチだったが、それもコミュニケーションのひとつである。くだらない言葉を聞かされるより、殴ることで怒りを発散してもらったほうがマシだ。それに、私に殴りかかれるということは、それまで自分の世界に閉じこもっていた彼が、少しずつ心を開いている証拠でもあるだろう。

そのまま私たちは朝まで酒を飲み、知っているかぎりの歌を歌い続けた。歌えば歌うほど、彼の心が落ち着きを取り戻していくのがわかる。そこが日本から遠く離れた異国であるがゆえに、祖国の自然を賛美する歌の数々が心に沁《し》みたのだろう。私が「歌の力」の大きさを思い知ったのはこのときだ。

その後、われわれ一行はデリーまで旅を続けたが、彼は結局、カルカッタの寺から一歩も出ずに二週間を過ごした。その寺には私の知り合いの日蓮宗《にちれんしゅう》の坊さんもいて、毎日いっしょにお題目《だいもく》を唱えたり太鼓《たいこ》を叩いたりしていたという。もしかすると、あの旅でもっともインドを深く体験したのは彼だったのかもしれない。

寅《とら》さんの声で聴く日本の叙情曲《じょじょうきょく》は、最高の味わい

不眠の話から大きく脱線してしまったが、ここまでの話で、音楽の効用についてはわかっていただけたと思う。心がざわついて眠れない夜には、日本の古い叙情曲を子守唄がわりに聴くのもひとつの手だ。また、社会全体としても、そういう歌の価値をあらためて見直すべきだろう。戦後教育は伝統的な叙情曲に対してきわめて冷淡だったことをあらためて思い出す。ひたすら明るい曲調の音楽ばかり子供たちに聴かせてきたが、それが彼らの心に何をもたらしているかということを、いったん立ち止まって検証すべき時期が来ているのではないだろうか。

ともあれ、うつや不眠の予防には、しっとりとした哀調をたたえた叙情曲がいい。私自身、そういう歌が好きでよく聴いている。

とくに気に入っているのは、渥美清《あつみきよし》さんの『哀愁《あいしゅう》の日本叙情曲集』というCDだ。かなり以前にミュージック・ショップの店頭で見つけてすぐに買ったのだが、これにはあちこちで人に勧めているぐらい感動した。『故郷』、『叱られて』、『浜辺の歌』、『五ツ木の子守唄』といった歌が、渥美清さんのあの独特の味わいを持った声で流れ

てくると、何とも形容しがたい心地よさが胸に広がり、気持ちが安らぐ。同じく渥美清さんの『哀愁の日本軍歌集』というCDもまたいい。軍歌も、渥美さんの声で聴くと、それが決して好戦的なものではなく、むしろ反戦歌なのだということが、よくわかる。

音楽の好みは人それぞれなので、このCDだけが「耳で聴く睡眠薬」や「音の抗うつ剤」だといっているわけではない。そういうCDはほかにもいろいろあるだろうから、自分で探してみるといいだろう。「これさえ聴けば気持ちが休まる」と思える音楽がひとつでもふたつでもあれば、それだけで「眠れぬ夜」を迎えることに対する不安が軽減されるはずだ。

もちろん、それで必ず眠れるというわけではない。何をしても眠れない日というのは、誰にでもある。そういうときは、眠るのを諦めて朝まで起きていればいい。そういうときは、たぶん心や体が睡眠を求めていないのだ。

ならば、その内なる声に抵抗するのはやめて、素直にしたがったほうがいい。頭が眠りたがっていないなら、その時間を「デカルトの時間」にしたっていいだろう。寝床から抜け出して、早朝坐禅ならぬ「深夜坐禅」を組んでみるのもまた一興《いっきょう》である。そこで雑念妄想と戯れておけば、いずれ「涅槃の時間」は必ず訪れるはずだ。

人は必ず一日のうちに「死」と「再生」を繰り返す。それを信じることが、安眠への近道ではないだろうか。

終章

無常を思って生きる

――「死」を穏やかに受け容れるためのレッスン

隠蔽《いんぺい》される「死」の問題

ここまで、現代の日本人が直面している「うつ」への対処法を、さまざまな角度から述べてきた。そんなに難しい話をしたつもりはない。「坐る」、「歩く」、「泣く」、「眠る」、「歌う」等々、私が提示するキーワードは、誰でも簡単に日常生活で実行できる「動詞」ばかりである。

それも当然だろう。私は、浮ついた「言葉」の氾濫が、現代人の心を病気にさせる要因のひとつだと見ているからだ。「言葉」で乱れた心を正すには、黙って「身体」を使うのがいちばんの早道である。だから、うつへの対処法も必然的にシンプルな「動詞」が多くなるという次第である。

しかし、現代社会にうつを蔓延させている元凶は、何も「言葉」だけではない。そこには、もうひとつ大きな問題が残されている。人間が生涯にたった一度しか実行できない「動詞」に関わる問題だ。いうまでもなく、その動詞とは「死ぬ」である。

本書の冒頭で述べたとおり、人間の寿命が短期間のうちに飛躍的に延び、「人生五〇年」から一気に「人生八〇年」の時代へ突入したことに、われわれはまだ適応できないでいる。いわば「死に方」がよくわからなくなってしまったために、常に漠然とした不安を抱え込まざるを得なくなったのだ。

したがって、現在ほど「死」について考え、それを語ることが求められている時代はない。ところがいまの日本では、「死」が禁句同様に扱われ、ほとんど語られることがないのが実情である。

人生五〇年だった時代、人々は生と死の問題をほぼ五〇パーセントずつ考えていた。だから「人生観」とはつまり「死生観」のことであり、「いかに生きるか」を考えることは、そのまま「いかに死ぬか」を考えることにつながっていた。

それに対して、人生八〇年の時代を迎えて「生老病死観」の確立が必要となっているいま、人々は「生」、「老」、「病」までのことを考えるのに精一杯で、「死」のことまで考える余裕がなくなっているように見える。たとえば大量に定年を迎えつつある団塊の世代に対しては、多くの人が「残り二〇年をどう生きるべきか」について語りかけ、熱心にアドバイスをしているが、その「死に方」についてはい語られることがほとんどない。団塊の世代にかぎらず、「死」の問題は、いまや社会のなかで隠蔽され、禁句にされてしまっているかのようだ。

教育の現場においても例外ではない。文部科学省が子供に必要な能力としてしきりに強調するのは、「生きる力」だ。変化の激しい社会のなかで、「自分で課題を見つけ、自ら学び、自ら考え、主体的に判断し、行動し、よりよく問題を解決する資質や能力」のことを指す言葉であるらしい。それはそれでいいだろう。生きていく上で「生きる力」が必要なのは当たり前のことである。

だが教育界は、その一方で「死」を教えようとしてはいない。「殺すな」といわずに「命を大切に」というのと同じように、「生きる」ことだけ一生懸命に取り上げて、「死ぬ」ことを生きるための重大な課題としては取り上げようとしないのである。

なかには、子供たちの身近に「死」が存在しないかのごとき状況を心配して、それを教えさとそうとする大人がいないわけではない。しかし彼らがやることといえば、たとえば亡くなった祖父母の遺体に触らせるといった、きわめて即物的なことにかぎられている。小賢《こざか》しいとしかいいようがないやり方ではないか。そこで触っているのはたんなる「死体」であって、「死」そのものではないだろう。老いた人間が病にかかり、やがて息を引き取っていくという、そのプロセスのなかにこそ生々しい「死」が存在している。いまは、その「死」を迎える覚悟のようなものを教えることが求められている時代なのだ。

そのために必要なのは、死体に触らせることではない。たとえば死を間近に控えたお年寄りの世話をさせてみれば、子供たちはそこで初めて具体的な「死」というものを実感するはずだ。私は子供の頃、八〇歳で死んだ祖父の世話をしたことがある。息を引き取る直前の祖父は、独特の臭《にお》いを発していた。それはとてもイヤなものだったが、その生々しい臭いを通じて、私は「死」を迎えようとしている人間の不気味さを学んだのである。

自己を看取《みと》るように、他者を看取る――「共死《きょうし》」という発想

死に行く人たちを、いかに看取るか。それについて教育が必要なのは、子供だけではないだろう。長い「老」と「病」を経てから「死」を迎える時代、これはすべての人々にとって対処の難しいテーマだ。

たとえば、いわゆる「老老介護」の問題。これは、「病」を抱えた親と、「老」にさしかかった子が、共に「死」と向き合うことを意味している。人生五〇年の時代には滅多になかったことだが、いまやそれは誰にでも起こり得るごくふつうの事態だ。しかし、看取る側も看取られる側も、もちろん私も含めて、いまだにその「死」の受け容れ方を身につけていない。自嘲《じちょう》をこめて、死に対する覚悟ができていないというほかはない。

それは、やはり世の中全体が「死」を考えることに背を向けているからだろう。それを何よりも雄弁に物語っているのが、もう一つ「共生」という言葉だ。これがいつ頃から使われるようになったのか定かではないが、文部科学省の「生きる力」以上に、世間ではよく耳にする言葉である。自然との共生、異文化との共生、男女の共生、障害者との共生……と、その言葉が登場する分野を挙げていけばキリがない。猫も杓《しゃく》子《し》も「共生、共生」の大合唱だ。

たしかに、「殺し合う」、「排除し合う」よりは「共に生きる」のほうがいいだろう。「生きる力」が大事なのと同様、「共生」にも文句をつけるつもりはない。だが、耳に心地よく、誰からも反論の出ないこの言葉が氾濫するなかで、「死」が忘れられている。しかし本当のことをいえば、「生きる力」と「死を迎える覚悟」が表裏一体のものであるのと同じように、「共生」を主張するならば、同時に「共死」についても考えなければいけないはずだ。「共死」に言及しない「共生」など、上っ面だけのきれいごとにすぎない。

昔から、「死ぬも生きるも一緒だ」というのは、極限状況における人間同士の結びつきの強さを物語る台詞である。「生きるのは一緒だが死ぬのは勝手にどうぞ」というのでは、人間同士の関係が深いところできまらない。「共生」だけを主張して「共死」に対してそっぽを向くのは、それと同じことだろう。

そして、死を待つのみになった人たちに寄り添って、いかに介護するかというのは、まさに「共生」と「共死」の問題にほかならない。この困難な課題を引き受けていかないかぎり、われわれは人生八〇年時代の「死に方」に適応できず、したがって漠然とした心の不安も消えることがないのである。

では、この時代に求められる「共死」とはいかなるものか。

私にも、まだ明確な答えはない。しかし、いささか抽象的な表現を許してもらえば、それはおそらく、「自己」を看取るように「他者」を看取り、「他者」を看取るように「自己」を看取る——ということだろうと思う。看取る側と看取られる側が「死」を共有すれば、そういうことになるのではないか。

自分を愛せるように他人を愛せるか——というのは、人間にとって永遠のテーマだろう。しかし今後は、「死」についても同じ課題が突きつけられる。看取る側はそれを自分自身の「死」として受け容れ、看取られる側はそれを他者の「死」として受け容れるということである。無論、言うは易く、実践するのは容易なことではない。しかし、その覚悟を持つことからはじめなければ、人生八〇年時代の「死に方」は見えてこないような気がする。

人格と言葉を越えたところで成り立つ、「共死」の人間関係

ここで考えなければいけないのは、「共生」と違って、「共死」には言葉が介在する余地があまりないということである。認知症や植物状態になった老人を看取るとき、

言葉によるコミュニケーションは基本的に成り立たない。したがって、言葉を越えたところでの人間関係がきわめて大切になってくる。それはつまり、理屈や合理主義で割り切れる世界ではないということだ。

かつて、アメリカのレーガン元大統領が自らアルツハイマーであることを告白したとき、彼と友人関係にあったモリスという作家が、ある雑誌にこんな内容の寄稿《きこう》をしたことがあった。

曰く、私はこれまでレーガン一家と交流しながら彼の伝記を書いてきたが、もはや元大統領は、私のことをモリスという人間だと認識できなくなってしまった。私の人格を認めることのできない人間とは現実につき合うことはできなくなったから、もうレーガン邸に行くことはやめる。あとはひとりで作品としての回顧録を書くことに専念する——というのである。

私はそれを読んで、なるほど、と思った。そこにみられるのは、まさに西欧的な近代合理主義の考え方だ。近代ヨーロッパの人間観においては、「人格」の有無がきわめて重要な問題となる。自分の人格を失い、相手の人格も認識できない者とでは、そもそも人間関係が成り立たない。それこそデカルトは「我思うゆえに我あり」といったわけで、これを逆にいえば、「考えることのできない人間には自我が存在しない」ということになるわけだ。

論理的には、モリスの考え方は間違ってはいないだろう。だが日本人の多くは、そこに何か受け容れがたいものを感じるのではないか。友人が自分のことを認識できなくなっても、自分はその友人を友人として認識できる。考えることができないからといって、そこに彼がいないわけではない。デカルトの言葉には反するかもしれないが、これは道元のいう無念無想の境地においては、彼は彼としてそこに存在している。道元の思想をあえて簡単に要約するならば、それは「我考えないゆえに我あり」ということになるからだ。

それに、モリスがいっているのは「もうレーガンとは共生できない」ということでしかない。たしかに、自分の人格を認めず、言葉も通じない相手とは、一緒に何かを作り上げることはできないだろう。しかし、そこに「共死」という発想があれば、人間関係をそのまま続けていくことができるはずだ。自分さえ相手を友人として認めることができるなら、相手の身に迫っている死を自分のこととして受け容れることができる。まさに、「自己」を看取るように「他者」を看取るということになる。それが、言葉を越えた人間関係というものだろう。

さする、祈る、そして、死ぬ

以前、血を吐いて京都の四条《しじょう》病院に入院したことがあるが、それは院長の中野《なかの》進《すすむ》先生から「医者の三原則」なるものを教わったことがあるからだった。「止める・ほめる・さする」というものだ。

医者は、まず最初の仕事として患者の抱えている痛みを止めなければいけない。次に、いまは病気で惨《みじ》めな思いをしている患者であっても、元気づけるために過去の得意な時代のことを聞き出して、それをほめる。そして、やさしく体をさすってやることが、最後の仕上げとして大切なことだという。これほど医療が発達した現在でも、治療は「手当て」が基本だということだろう。

私はそれを聞いて、これは医者の三原則であるばかりでなく、「人間関係の三原則」

でもあるように感じた。病人でなくとも、人はそれぞれ何らかの痛みを心のなかに抱えているから、それを止める。さらに、相手をほめることで人間関係がより円滑なものになることは、いうまでもない。

ただし、「止める」、「ほめる」はいずれも言葉によるコミュニケーションだ。それが成り立たなくなったとき、相手とのつながりを保つには、身体的な接触を図る以外にない。それが「さする」ということに帰着する。

ここで私は、再びインドでの体験を思い出す。二十数年前、死者儀礼を調査するために、ヒンドゥー教と仏教の聖地として有名なベナレス（ワーラナシー）を訪れたときのことだ。

この街には、インドの篤志家《とくしか》が資金を出して作った「休息の家」と呼ばれる館《やかた》が十数軒、建ち並んでいる。医者から見放された人たちが、死ぬまでの最後の日々を家族とだけ過ごすための施設だ。亡くなった人はガンジス川の岸辺にある焼き場で遺体を焼かれ、そのあと遺灰《いはい》が目の前のガンジス川に流される。するとたちまち魂が昇天すると、ほとんどのヒンドゥー教徒が信じているのである。

その「休息の家」で、私はある「看取り」の光景を垣間見ることができた。見るからに死期の迫ったひとりの老人に、もうひとりの老人が付き添っている。ふたりのあいだには、まったく言葉が交わされていなかった。付き添いの老人は、一日中、黙って相手の体をさすっていたのだ。沈黙と、肌と肌の触れ合い。そこにみられたのは、それだけである。やはり、人間が人間を看取るときには、もう言葉など必要ないのだろう。

そのベナレスから帰国する前、カルカッタに立ち寄ったときに、私はマザー・テレサさんと面会する幸運に恵まれた。電話帳で連絡先を調べて関係者に頼んでみたところ、「いますぐおいでになればシスターが会うと申しております」というので、タクシーですっ飛んでいった。

五分間だけ時間をくれるというマザー・テレサさんに、私は死者を看取るという仕事のなかで困難に直面したときどうされるのか、と訊《たず》ねた。日常的に遭遇するに違いない困難に対して、マザー・テレサさんはどう対処するのか知りたかったのだ。

「そういうときは、お祈りをします」と彼女は言葉を選ぶように答えた。「一時間でも二時間でもお祈りをして、心が晴れなければ明け方までそれを続けるのです」

やはり、神という大いなる存在の前では、言葉は失われるのだ。そして、祈る気持ちさえあれば、言葉がなくても死者を看取ることはできる……。

その神という超越的な背景を失ったからこそ、近代社会は言葉という、弱々しい不確かなものに頼らざるを得ない宿命を背負ってしまった。そのことに対する反省なしに、われわれが「共死」の思想を確立することはあり得ないのではないだろうか。さする、祈る、そして、死ぬ。その看取りの場面を支配する「沈黙」を受け容れることが、死の不安と恐怖を克服する最後の道なのだと思わないわけにはいかない。

死ぬときは、ガンかボケのどちらがいいか

ところで、「生」ばかり考えて「死」を置き去りにしている世の中にも、死ぬことについて考えようという動きが、せまい私の経験からいってもまったくなかったわけではない。日本では一〇年以上も前から、全国各地で「生と死を考える研究会」というものが開かれるようになった。

そのような会合で話をするために呼ばれて、奈良まで出かけて行ったときのことだ。早く会場に到着したので待合室で時間を潰していると、中高年の女性が数人で世間話をする声が聞こえてきた。いや、それは世間話というような内容ではない。本番が始まる前に、すでに彼女たちは「生と死を考える研究会」を自主的に始めていた。「ボケて死ぬのとガンで死ぬのとでは、どちらが人間的か」というテーマで議論をしていたのだ。

彼女たちがどのように考えを展開させていくのか興味があったので、私はつい聞き耳を立てて議論の成り行きを追っていた。読者諸氏も、ちょっと考えてもらいたい。もし死に方を選べるとしたら、あなたは、ボケて死にたいだろうか、ガンで死にたいだろうか。

これは誰でも迷うところだと思うが、意外なことに、彼女たちは最後に全員一致の結論を導き出した。ボケてだけは死にたくない、死ぬときはガンのほうがまだしもいい、というのである。

「え？」と私は思った。ガンで死ぬ場合、最後まで痛みや苦しみから解放されることがないのではないか。それで全員、ボケて死ぬほうを選ぶのではないかと私は予想していたからだ。

しかし、その厭《いと》うべき「痛み」をわが身に引き受けて死につくことこそが、彼女たちがガン死を選んだ最大の理由だったのである。というのも、ボケてしまうと自分の人格がそのまま失われてしまう。そんな状態で死を迎えたくはない。ガンは最後まで痛みが残るので、むしろ人間としての自覚をもって死んでいける。

これは、「人格」に個人として最大の価値を見出しているという点で、アルツハイマーにかかったレーガン元大統領と決別した作家モリスとまったく同じ発想ではないだろうか。その発想に、中高年の女性たち全員が一致して賛同している。それほど近代合理主義の考え方が日本人の心のなかにまで浸透しているということだろう。

とはいえ、私自身もその結論自体には、共感しないわけではない。それがボケよりも「人間的な死」だとは必ずしも思わないが、最後まで痛みと闘って死ぬのも悪いことではないだろうと思っているからだ。だが、ボケてしまってわけがわからない状態になるのも、その時点で極楽浄土《ごくらくじょうど》へ行くようなものだから、悪くないような気もする。看取るほうは大変だから無責任な話なのだが、そうなれば痛みも苦しみも感ずることなく仏のような姿で死ぬことができるのではないだろうか。

いずれにしろ、私は奈良の女性たちのようにきっぱりと結論を下すことができない。そもそも、実際には「ガンかボケか」を自分で選ぶことなどできないのだから、ここで結論を出すことに大した意味はないのかもしれない。

西行の死に方、「断食往生《だんじきおうじょう》」への憧れ

ただ、その二者択一とは別の形で、自分の死に方を考えることはある。しかもそれは、条件さえ整えば自分自身で選択が可能な死に方だ。病気になって死期をほぼ悟ることができれば、せめて一週間から一〇日間の「断食」を行なって、そのまま往生したいのである。

これはたんなる私の思いつきではない。歴史をさかのぼれば、実例はいくらでもある。インドでも中国でも日本でも、多くの修行僧が「断食往生」を遂げたことが記録に残っているからだ。

余命いくばくもないと感じ取ると、庵にこもって五穀断《ごこくだ》ちや十穀断《じっこくだ》ちの精進《しょうじん》（食事制限）を始める。そして、あと一週間か二週間の命となったところで断食のコースに入り、ほぼ予定どおりに息を引き取るのである。これは、まさに「他者」を看取るように「自己」を看取る形の死に方だとはいえないだろうか。

ちなみに、平安中期に活躍した天台宗の学僧、源信《げんしん》は死に方の典範《てんぱん》として『往生《おうじょう》要集《ようしゅう》』を書いている。その弟子の慶滋保胤《よししげのやすたね》が著《あら》わした『日本往生極楽記《にほんおうじょうごくらくき》』によれば、修行僧が断食によって往生を遂げるその瞬間、しばしば阿弥陀如来の姿が現われて死者の頭を撫《な》でる奇跡（これを摩頂《まちょう》体験という）が起きるのだという。同じような話は中国の文献にも記されているが、私はそのような事例を学生時代にいくつも読んでいた。

そして三〇代のとき、前にも述べた入院中の絶食で生命が逆噴射する体験をして、「死ぬときはこれだな」と思うようになったのである。なにしろ入院中に絶食をしたときは、あまりに爽快で「もっと続けたい」と思ったほどだ。そんな状態で人生の最期を迎えられるのであれば、いうことはない。

ただし、断食往生がいつもすばらしいとはかぎらない。名僧と呼ばれる人のなかには、死ぬ間際に地獄の苦しみを味わい、断食を後悔したということを正直に告白している人もいるくらいだ。名僧でもそうなのだから、素人が安易に断食などするとひどい目に遭いかねないということだ。日頃からよほど心身の訓練を積み重ねていないと、できることではない。

実は、その断食往生を遂げるために、各地を旅しながら足腰を鍛えていたのではないかと思われる人物がいる。西行である。もっとも彼が断食往生を遂げたという記録はどこにも残されてはいないから、確たる証拠はない。

しかし西行は、生前に「願はくは花の下にて春死なんその如月《きさらぎ》の望月《もちづき》のころ」という辞世の歌を詠み、その歌のとおり陰暦《いんれき》二月十六日の満月の晩にこの世を去った。これは間違いなく断食往生によるものだろう、と私はいつしか確信するようになった。そうでもなければ、あれほど見事なタイミングで往生できるわけがない。

おそらく西行は、旅から旅の日常を通じて体を鍛えながら、定期的に数日間の断食を行なって、どの程度の断食をすると自分の心身にどのような変化が現われるのかということを確かめていたのだろう。その変化の状況を知り尽くしていたからこそ、自分の望む日に絶命できるように食べるものを自在にコントロールすることができたのだと思う。

断食往生をするかどうかは別にして、「死ぬために体を鍛える」というその努力と探求心には、見習うべき事柄が多い。五〇歳を過ぎたら、たまには断食でもして自分の体が発する声に耳を傾けることがあってもいいのではないだろうか。

医学的な死、宗教的な死

また、断食往生は決して「昔の話」ではない。修行僧だけの特別な死に方というわけでもない。現代の日本でも、実は少なからぬ人々が自ら望んで絶食状態で臨終を迎えているのである。表沙汰にはならないので統計的な裏付けはないが、そういう話は私の耳にもたくさん入ってくる。

表沙汰にならないのは、遺族がそれを明かさないからだ。おそらく、身内からそういう人間が出るのは不名誉なことだという世間的な意識が働いているからだろう。それに、社会的な非難を受ける恐れもある。すでに病気で余命いくばくもない状態だったとしても、絶食を知りながら放置していたのだとすると、下手をすれば自殺幇助《ほうじょ》の罪にも問われかねない。そういうさまざまな事情が重なって、実態が隠されているのである。

しかし、これは「安楽死」や「尊厳死」にも関わる重大な問題である。いまや、無意味な延命治療を拒みたいと思っている人はかなりの数に上っているはずだ。だが、いったん装着された人工呼吸器を外すのは容易なことではない。一応、法律上の判断基準は定められているにしても、患者や家族の意思確認については曖昧な部分が多いし、手続きもきわめて煩雑《はんざつ》をきわめている。

そのため、人工呼吸器を独断で外したと見られた医師が殺人罪に問われるようなケースがあとを絶たない。誰もが口を揃えて「患者自身の自己決定が大事だ」というけれども、実際には、どこに自己決定を下す余地があるのかがよくわからない。何もかも周囲のさまざまな条件によって決められているのが実情なのだ。

もし、本当に「死に方」を自己決定することが尊重されるのであれば、仏教の伝統でもある断食往生こそが正面から見直され、その是非が論議の対象になってしかるべきだろう。たとえば末期ガンの診断を受け、余命が数カ月しかないと宣告されたとき、現在はモルヒネによる緩和医療を施すのが主流となっている。だが、そこで絶食を選択するのもひとつの生き方、いや死に方ではないだろうか。

「モルヒネ往生」が医学的な死に方であるのに対して、「断食往生」は宗教的な死に方だともいえるだろう。どちらを選ぶかは、本人の意思に任されてよいはずだと私は考えている。

ところがいまの社会では、人間の死がすべて医学によって方向づけられ管理されている。死というものが、いわば近代合理主義のなかに封じ込められているわけだ。

そのため、宗教の最大の出番である臨終の瞬間に宗教者が立ち会えないというおかしな状況になっている。病院に僧侶や神父などを入れることを、病院が嫌い、医者が拒絶している。ならば医者が代わりに宗教家の役割を果たさなければいけないと思うのだが、そんな資質や見識を持った医者はほんの一握りしかいないだろう。大半の医者は、患者の心を癒すどころか、自分の業務が終わるやいなや患者に冷たい「背中」

を見せてさっさと引き上げていく。

こんなことでは、現代人が死を迎え入れる覚悟を持つことはできず、それに応じて社会的なうつがますます広がっていくほかはない。誤解を恐れずにいうなら、断食往生を含めた「死の自由化」のようなことが、もっと議論されていいのではないかと思う。

「魂」の存在を信じるか否か

そこで最後に問題になるのが、「魂」の存在を信じるかどうかということではないか。「死」について考えを深めていけば、結局はその問題に突き当たる。そして、「死」についてまったく考えない人間はこの世にひとりもいないのだから、これは宗教という範疇《はんちゅう》のテーマというより、むしろすべての人間にとって共通のテーマだといったほうがいい。

苦しみの果てに死が訪れて肉体が滅んだとしても、魂が昇天すると信じることができれば、人は精神的に救われる。先ほど紹介したヒンドゥー教徒がそうだ。彼らの九

○パーセント以上は、今日なお死後に魂が昇天することを心の底から信じている。
彼らが墓を作らないのも、そのためだ。深い信仰心がありながら墓を作らないのを不思議に思う日本人が多いかもしれないが、ヒンドゥー教徒は魂の昇天を信じているからこそ、墓など必要はないと考えているのである。遺灰をガンジス川に流して魂さえ昇天してしまえば、あとは遺体がどうなろうが関係ないのである。

実は、万葉時代の日本人がこれとそっくりな感覚を持っていた。当時の挽歌《ばんか》を読めば、万葉人たちが魂の行方だけを問題にしていたことがよくわかる。彼らも墓を作ったりはせず、遺体はほったらかしだったのだ。万葉人と現代のヒンドゥー教徒は、死後に関するかぎり、まったく同じ世界に住んでいるといっていいのである。

現代の日本にも、もちろん魂を信じている人間がいないわけではない。学齢期に達する前の子供たちの意識調査をしてみると、そのほとんどが魂の存在を信じているようだ。これは、子供の精神や知能が未熟だからというよりも、人間の心が本来はそれを信じるようにできていると考えるべきではないだろうか。ところが、学齢期に達して近代的な学校教育を受けていくなかで、その純粋な心性が徐々に削り取られていく。

もちろん、学校に上がったとたんに魂を信じなくなるわけではない。たとえば、珍しい事例だったかもしれないが、学校でのいじめが原因で自殺してしまったある中学生が、両親に宛《あ》てた遺書のなかに「シー・ユー・アゲイン」という英語を書いていたことがあった。家族と死後の世界で再会できることを信じていたわけである。

ただし、当時そのことはほとんどマスコミで取り上げられなかった。あの事件では遺書が二通残されていて、一方の遺書に自分の受けたいじめの内容が克明に記されていたため、報道がそちらに集中したということもあるだろう。しかしそれ以前に、子供のそういう心のあり方に対して、大人の側があまりにも無関心だったということもあったと思う。

子供の自殺問題を考えようとするなら、彼らが「魂」や「あの世」についてどのような意識を抱いているかを同時に知っておく必要があるのではないだろうか。本来なら、「シー・ユー・アゲイン」という印象的な言葉を書き残した遺書のほうにも、十分な報道価値があったはずなのだ。

「近代日本の歪《ゆが》み」を、見直すべき時期に来ている

日本人が魂の存在を信じないようになったのは、おそらく明治時代に西洋文明を受け入れたあたりからのことだろう。当時に作られた学校教科書を見ると、すでにその考え方が反映している。それまでは、ほとんどの人々が万物に魂が宿っていることを素朴に信じ、祖先の魂を崇拝《すうはい》する気持ちを持っていたからである。

ヨーロッパではローマ時代まで、「魂」という言葉が哲学や宗教の分野で当たり前の事柄として使われていた。それが中世を経て、近代的な社会科学の発達によって、どんどん排除されるようになっていく。

たとえばマックス・ウェーバーは、それまで神学者たちが「魂」と呼んでいたものを「カリスマ」という言葉に置き換えた。同じ魂の働きを「パワー」と言い換えた学者もいる。それが、あらゆる学問のベースになっていったのだ。

いまでは宗教学者でさえ、論文のなかで「魂」という言葉は使わないし、そもそも魂の世界、魂の作用を信じてもいない。近代科学のルールに則《のっと》って客観的な記述をしようとすれば、そうなるのが必然的な流れだったのである。無論、今日すでに「近

代」そのものが行き詰まりを見せている以上、そういう学問の体系を根本的に組みかえる作業が必要になっている。しかし自然科学の分野に比べても、人文科学や社会科学ではそのような組みかえの仕事に積極的に取りかかる気配がみられない。

それに関連して、この日本の「近代」に関して一つだけいっておきたいことがある。これまで述べてきた「坐禅」とゆかりの深い鎌倉仏教についてである。われわれは今日までこの時代を「日本における宗教改革」の時代と位置づけてきた。それが日本の歴史学ではスタンダードな解釈となっている。これは、ヨーロッパでルターやカルヴァンの行なった宗教改革の歴史観を、そのまま日本に持ち込んだものだ。宗教改革によってヨーロッパの近代市民社会の土台が形成されたのと同じように、日本でも近代社会の前提となる宗教改革が行なわれていたはずだ、という筋書きにもとづいて導入された考え方だった。

しかし、もしも鎌倉仏教がヨーロッパの宗教改革と同じ役割を果たしたのであったとすれば、法然や親鸞、そして道元や日蓮といった当時の宗教家たちの思想が、近世から現代にいたるまで脈々と継承されていなければおかしいだろう。しかし実際には、それらすべての思想的な遺産はいつのまにか雲散霧消《うんさんむしょう》してしまっている。

親鸞的な生き方や道元的な生き方を自らの宗教心のなかに取り込んで暮らしている平均的な日本人がはたして今日どれほどいるであろうか。ほとんどいないからである。その結果、庶民のあいだではお墓や遺骨を大事にする先祖崇拝だけが生き残っているのではないか。鎌倉仏教は、なんら宗教改革の役割を果たしてはいなかったのだ。

ところが、どう見てもそれが明らかであるにもかかわらず、鎌倉仏教という宗教改革を土台にしてはじめて日本の近代社会が築かれた、という学説がいまだに大きな権威を持っている。現実にはヨーロッパのような近代市民社会などまったくでき上がってはいないにもかかわらず、いわば「歴史の必然」として、すでにそれが存在しているかのように振る舞ってきたわけだ。

そもそも、それぞれまったく異なる歴史を刻んできた日本とヨーロッパが、同じ道筋で発展を遂げることなどあり得ないと考えるべきだろう。それを安直に同一視して、ヨーロッパの概念やモノサシを無理やり日本に当てはめて歴史を構築したことで、現代日本における歴史認識にさまざまな歪みが生じてしまっているということだ。序章で述べた「近代的自我」と「ひとり」のギャップもそのひとつだった。「魂」の捉え方にも、多くの混乱がみられる。

したがって、われわれはこれからただちに歴史の再構築に着手する必要があるのではないか。それをいつまでも先送りにして、確固たる基盤を持たない脆弱《ぜいじゃく》な「近代」に安住しているかぎり、日本人は「ひとり」の重みに耐える強さも持てなければ、「死」を迎え入れる覚悟も持てないであろう。その結果、「うつ」という「現代のもののけ」が日本人の心をいつまでも抑圧し続けるということになる。

だが、たとえ学問の世界がそれを怠っていたとしても、ひとりひとりの日本人が自らの内面を「再構築」して抑圧と戦うことはできる。私は本書で、そのためのささやかな「戦術」を提供してきたつもりだ。「魂」を信じるかどうかという問題も、詰まるところは、それぞれ個人の問題というしかない。

だからこそ、まずは早朝に坐禅を組み、自分の足で歩いて、「沈黙の世界」に吹いている無常の風を素直な気持ちで感じてみてほしい。その風をどう受け止めるかで、今後の心のあり方が決まるはずである。

あとがき

「早朝坐禅」とは、いささか面映《おもは》ゆいタイトルである。自分の口から言い出すには、やや違和感が残った。要するに、老人早起き症が高じた果ての暇つぶしではないか、という内心の声も聞こえてくる。

にもかかわらず、たしかに私はこのところ、早朝坐禅、早朝坐禅……と言ったり、書いたりしてきた。それがいつのまにか、習慣のような、心の癖のようなものになっていたことは事実である。いたし方のないことだと、今回ばかりは腹をくくったのである。

それはそれとして、私はいつごろからか、激しく考え、優しく語る、ということを、言ったり、書いたりするようになった。そのようなことが果たしてできるものかどうか、はなはだ疑問ではあったのだが、できるだけそのような路線でいくよう心がけてはきたのである。

激しく考えるということはともかくとして、優しく語る、というのは、いざとなるとても難しい。誰の心にも届くように語るということであるのだが、もの柔らかに語るということでもあるだろう。ところが、それが、なかなか思うにまかせない。ついつい、自分に課してきた掟《おきて》を破ることになってしまう。

今回も、心構えだけは優しく語ることに目標を定めてはいたのであるが、果たしてそうなっているのかどうか。つい性急な啖呵《たんか》を切ってしまったなあ、という思いから自由になれないでいる。激しく考えたかどうかはともかくとして、これまでに考えつづけてきたことを単刀直入《たんとうちよくにゆう》にというか、短兵急《たんぺいきゆう》に口に出してしまったきらいがあるのである。

本書のタイトルを『早朝坐禅』としたのは、もとはといえば編集部のアイデアだった。いうまでもないことだが、早朝に起きて、ひとりで坐っているときは、時間がゆっくり静かに流れている。啖呵を切りたくなるような時間では決してない。ただ、そのゆるやかな時間の流れのなかで、ふと、浪曲師《ろうきよくし》の春野百合子《はるのゆりこ》さんが言われた言葉が蘇《よみがえ》ったことがある。

浪曲では「一声《いちこえ》、二節《にふし》、三《さん》啖呵」というのだそうである。私はもちろん、声に自信はない。歌をうたえば、音痴まるだしで節廻しが思うにまかせない。いわんや啖呵など、はるか別世界の話だった。そもそも水際立《みずぎわだ》った啖呵を切るには、長い期間にわたる助走というものが必要だろう。胆力《たんりょく》や訓練の積み重ねがなければ、すぐさまたんなる虚勢と見破られてしまう。

その辺のハードルをクリアしたとはとても思えないのであるが、今回はその啖呵が思わず口をついて出てしまったような気分である。今さら、しまったと思っても後の祭りであるが、臆病者にも臆病者なりの啖呵を切ることへの願望があったのだと思うほかはない。

もう一つ私には、万葉集《まんようしゅう》の長歌《ちょうか》を語るような気分でものを書きたい、という夢のような望みがあった。語るように書くことができれば、それこそが書く人間に恵まれる涅槃ではないかという思い込みである。そういえば、あの気むずかしそうな親鸞さんも、晩年になってから「和讃《わさん》」という作品を語るように書いているではないか。禁欲主義者の風貌《ふうぼう》をした道元さんもたくさんの「和歌」を、それこそ歌うように、語るように書きつづけていたではないか。もしかしたらお二人とも、歳を取るにしたがい、万葉時代の柿本人麻呂や山部赤人の長歌の世界に回帰しようと思っておられたのかもしれない。

ついつい、身のほど知らずのことを口走ってしまった。恥じ入るばかりであるが、もちろん私の場合は、先ほどもいったようにたんなる短兵急な啖呵であるにすぎない。とても長歌の品位には達しえない、息のみじかい、短歌的な啖呵にすぎないのである。

●図版作成
日本アートグラファー

●写真提供
p97　甲州犬目峠　HIDENORI FUKUMA/A.collection/amanaimages
p115　狛犬　REI TSUGAMINE / SEBUN PHOTO/amanaimages
p121　能舞台　宝生会写真部
p155　熊野川夕景　KATSUHIRO YAMANASHI/A.collection/amanaimages

切りとり線

★読者のみなさまにお願い

この本をお読みになって、どんな感想をお持ちでしょうか。祥伝社のホームページから書評をお送りいただけたら、ありがたく存じます。今後の企画の参考にさせていただきます。また、次ページの原稿用紙を切り取り、左記まで郵送していただいても結構です。

お寄せいただいた書評は、ご了解のうえ新聞・雑誌などを通じて紹介させていただくこともあります。採用の場合は、特製図書カードを差しあげます。

なお、ご記入いただいたお名前、ご住所、ご連絡先等は、書評紹介の事前了解、謝礼のお届け以外の目的で利用することはありません。また、それらの情報を6カ月を超えて保管することもありません。

〒101—8701（お手紙は郵便番号だけで届きます）
祥伝社新書編集部
電話03（3265）2310
祥伝社ホームページ　http://www.shodensha.co.jp/bookreview/

★本書の購買動機（新聞名か雑誌名、あるいは○をつけてください）

＿＿＿＿新聞の広告を見て	＿＿＿＿誌の広告を見て	＿＿＿＿新聞の書評を見て	＿＿＿＿誌の書評を見て	書店で見かけて	知人のすすめで

★100字書評……早朝坐禅

名前

住所

年齢

職業

山折哲雄　やまおり・てつお

1931年、サンフランシスコ生まれ。岩手県出身。東北大学文学部卒業。東北大学文学部助教授、国立歴史民俗博物館教授、国際日本文化研究センター教授、所長を経て、現在、名誉教授。専門は宗教史、思想史。『死の民俗学』(岩波現代文庫)、『西行巡礼』(新潮文庫)、『道元』(清水書院)、『神と仏』(講談社現代新書)、『ブッダは、なぜ子を捨てたか』(集英社新書)、『「歌」の精神史』(中央公論新社)など著書多数。

早朝坐禅《そうちようざぜん》

凜《りん》とした生活のすすめ

山折哲雄《やまおりてつお》

2007年8月5日　初版第1刷発行
2009年10月15日　第5刷発行

発行者……………竹内和芳
発行所……………祥伝社《しょうでんしゃ》
〒101-8701　東京都千代田区神田神保町3-6-5
電話　03(3265)2081(販売部)
電話　03(3265)2310(編集部)
電話　03(3265)3622(業務部)
ホームページ　http://www.shodensha.co.jp/

装丁者……………盛川和洋　イラスト……………武田史子
印刷所……………萩原印刷
製本所……………ナショナル製本

Printed in Japan　ISBN978-4-396-11076-5　C0215

〈祥伝社新書〉好評既刊

- 001 抗癌剤　知らずに亡くなる年間30万人　平岩正樹
- 002 模倣される日本　映画、アニメから料理、ファッションまで　浜野保樹
- 003 「震度7」を生き抜く　被災地医師が得た教訓　田村康二
- 006 医療事故　知っておきたい実情と問題点　押田茂實
- 008 サバイバルとしての金融　株価とは何か・企業買収は悪いことか　岩崎日出俊
- 010 水族館の通《つう》になる　年間3千万人を魅了する楽園の謎　中村　元
- 024 仏像はここを見る　鑑賞なるほど基礎知識　瓜生《うりゅう》　中《なか》
- 028 名僧百言　智慧を浴びる　百瀬明治
- 029 温泉教授の湯治力　日本人が育んできた驚異の健康法　松田忠徳
- 034 ピロリ菌　日本人6千万人の体に棲《す》む胃癌の元凶　伊藤愼芳
- 035 神さまと神社　日本人なら知っておきたい八百万《やおよろず》の世界　井上宏生
- 039 前立腺　男なら覚悟したい病気　平岡保紀
- 042 高校生が感動した「論語」　佐久　協《やすし》
- 043 日本の名列車　竹島紀《とし》元《もと》
- 044 組織行動の「まずい!!」学　どうして失敗が繰り返されるのか　樋口晴彦
- 052 人は「感情」から老化する　前頭葉の若さを保つ習慣術　和田秀樹
- 055 まず「書いてみる」生活　「読書」だけではもったいない　鷲田小彌太
- 059 日本神話の神々　井上宏生
- 062 ダ・ヴィンチの謎　ニュートンの奇跡　「神の原理」はいかに解明されてきたか　三田誠広
- 063 図解　1万円の世界地図　日本の格差、世界の格差　佐藤　拓
- 064 脳は直感している　直感力を鍛える7つの方法　佐々木正悟
- 065 ビジネスマンが泣いた「唐詩《とうし》」一〇〇選　佐久　協《やすし》
- 066 世界金融経済の「支配者」　その七つの謎　東谷　暁《さとし》
- 068 江戸の躾《しつけ》と子育て　中江克己
- 069 患者漂流　もうあなたは病気になれない　中野次郎
- 070 「夕張問題」　鷲田小彌太
- 071 不整脈　突然死を防ぐために　早川弘一
- 072 がんは8割防げる　岡田正彦
- 074 間《ま》の取れる人　間抜けな人　人づき合いが楽になる　森田雄三
- 076 早朝坐禅　凛《りん》とした生活のすすめ　山折哲雄
- 077 「お墓」の心配無用　手《て》元《もと》供養のすすめ　山崎譲二
- 078 ダサいオヤジは「暴力的存在」である　松尾智子
- 079 「まずい!!」学　組織はこうしてウソをつく　樋口晴彦
- 080 知られざる日本の恐竜文化　金子隆一
- 081 手塚治虫「戦争漫画」傑作選
- 082 頭がいい上司の話し方　樋口裕一
- 083 へんな言葉の通《つう》になる　豊かな日本語、オノマトペの世界　得《とく》猪《い》外《そと》明《あき》
- 084 汗をかかない人間は爬虫類化する　五味常明
- 085 最新データで読み解くお天気ジンクス　村山貢司
- 086 雨宮処《か》凛《りん》の「オールニートニッポン」
- 087 手塚治虫「戦争漫画」傑作選Ⅱ

以下、続刊